Dieses Buch gehört:

Ein besonderes Dankeschön
dem Kinderchor des Dürer-Gymnasiums Nürnberg für
die Einspielung der diesem Buch beiliegenden Weihnachts-CD,
Herrn Peter Collmann für die feine Tonmischung,
Herrn Rolf Schleich für das digitale Produktions Know-how,
Frau Gaby Nagl für die Bildbearbeitung,
Herrn Reinhold Störch für die Schlußkorrektur.

2. Auflage 1997

Impulse: Jule von Zolling und viele Kinder
Idee und Konzeption: Ingrid Pabst, Konny Riedl, Kirchberg
Themenkonzeption, Texte und Lektorat: Ingrid Pabst, Kirchberg
Gestaltung, Illustration, Layout und Satz: Konny Riedl, Kirchberg
Herausgeber: Hermann Poppen, Zolling

Reprographie und Belichtung: Marion Moeller, O.K. Meyer, München
Druck und Verarbeitung: Sebald Sachsendruck, Plauen
(gedruckt auf chlorfrei gebleichtem Papier)

Printed in Germany
ISBN 3-629-00269-2

Ingrid Pabst – Konny Riedl

Das große Weihnachtsbuch für die ganze Familie

Pattloch Verlag

INHALT

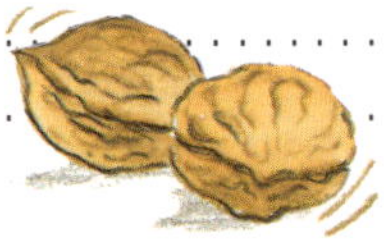

INHALT

★ = BASTELN ★ = BACKEN ★ = SINGEN ★ = SPIELEN ★ = GESCHICHTE

Vorwort

Wir haben dieses Buch für die ganze Adventszeit gedacht: Vier Wochen voller Ideen für Singen, Spielen, Basteln und Backen, jede Woche begleitet von einem anderen Daumenkino. Dazu kommen viele Geschichten, Gedichte und Gebete, um die ganze Familie auf Weihnachten einzustimmen und vielleicht ein wenig Besinnlichkeit in die aufregende Zeit zu bringen.

In jeder Adventswoche gibt es eine Idee, die etwas zeitaufwendiger ist, sie kann zum Beispiel am Sonntag gemacht werden. Bei fast allen Bastelideen können die meisten Schritte von Kindern gemacht werden, nur hier und da, wo mit Nadel und Faden oder Messern und Scheren gearbeitet wird, wird die hilfreiche Hand des Erwachsenen gebraucht. In den Materialangaben auf jeder Seite sind die Dinge nicht enthalten, die normalerweise in jedem Haushalt zu finden sind. Das sind: Herd mit Backofen, Backblech, Töpfe, Schüsseln, Kochlöffel, Backpinsel, Bügeleisen, Zeitungspapier, Lappen, Gläser, Nagelfeile, Schere, Lineal, Bleistift.

Die erste Adventswoche

Jetzt beginnt die Weihnachtszeit. Festliche Kerzengestecke schmücken den vorweihnachtlichen Tisch, der Duft von köstlichen Bratäpfeln zieht durch das ganze Haus. Die Karten für die Weihnachtsgrüße werden am besten jetzt schon vorbereitet und das Tannengrün in Vasen oder der Adventskranz können mit selbstgebastelten Anhängern geschmückt werden.

Natürlich darf in dieser Woche der Nikolaus nicht fehlen: Da gibt es einen Hampel-Nikolaus mit Überraschungssäckchen, das mit süßen Leckereien gefüllt wird und einen zum Backen, der vielleicht gleich aufgegessen werden kann? Zum Mitsingen gibt es viele Lieder, ganz auf die Nikolauszeit abgestimmt. Fröhliche Spiele und Geschichten runden diese erste Woche ab.

Laßt uns froh und munter sein

2. *Bald ist unsere Schule aus,*
dann zieh'n wir vergnügt nach Haus. Lustig, lustig...

3. *Dann stell ich den Teller auf,*
Nik'laus bringt gewiß was drauf. Lustig, lustig...

4. *Steht der Teller auf dem Tisch,*
sing ich nochmals froh und frisch: Lustig, lustig...

5. *Wenn ich schlaf, dann träume ich:*
Jetzt bringt Nik'laus was für mich. Lustig, lustig...

6. *Wenn ich aufgestanden bin,*
lauf ich schnell zum Teller hin. Lustig, lustig...

7. *Nik'laus ist ein braver Mann,*
den man nicht genug loben kann. Lustig, lustig....

Lustige Spiele

Weil Weihnachten nicht nur ein besinnliches Fest ist, hier einige Ideen für Bewegungsspiele.

Scharade mit Tieren

Der Spielleiter flüstert zu Beginn jeder Runde einem Kind einen Tiernamen zu. Jetzt muß das Kind irgendetwas spielen, das zu diesem Tier gehört, dabei kann es schreien, wie dieses Tier es tut, oder auf allen Vieren gehen oder es beschreiben, aber darf den Namen nicht nennen. Die anderen müssen das Tier erraten. Ist das geschafft, ist das nächste Kind an der Reihe.

Tanzspiel

Alle Kinder stehen im Kreis und halten sich an den Händen.

Bei: **Laßt uns froh und munter sein** – gehen alle rechts herum im Kreis.
und uns in dem Herzen freun – gehen alle links herum im Kreis.
Lustig, lustig, – alle gehen in die Mitte
tralalalala – alle gehen wieder nach außen.
bald ist Nik'lausabend da – wieder rechts herum.
bald ist Nikolausabend da – wieder links herum.

Bei den anderen Strophen entsprechend.

Nelli und das Weihnachtswunder

Die kleine Nelli lebt im Wald. Nelli ist ein kleines Reh. Wenn es schön ist und die Sonne scheint, tollt sie den ganzen Tag mit ihren Freunden durch den Wald.

Aber jetzt ist es Winter geworden, die Sonne scheint nicht mehr so warm und Nelli ist es langweilig. Langsam trottet sie zu einer Lichtung, an der die Bäume nicht so dicht stehen. Aber da, wo sie im Sommer noch im duftenden Gras liegen konnte und nur den Hals auszustrecken brauchte, um an die würzigen Kräuter zu kommen, ist jetzt nur ein harter, gefrorener Boden zu sehen.

Vorsichtig versucht sie, einen Halm aus dem Boden zu rupfen, aber er schmeckt ihr gar nicht. Dann überlegt sie, was sie heute wohl tun könnte.

„Ich laufe einfach mal los, vielleicht finde ich ja einen von meinen Freunden", denkt sie sich. Und schon rennt sie los, mitten in den Wald hinein. Je weiter sie kommt, desto dichter wird der Wald.

Aber sie weiß, daß am Rande des Waldes Menschen in kleinen Häusern wohnen. Die machen immer so lustige Sachen, da will Nelli zugucken.

Hinter einem Baum sieht sie plötzlich etwas Weißes. „Hoppel, bist du das?" fragt sie und guckt um den Baum herum.

„Hallo Nelli! Das ist aber schön, daß du vorbeikommst", freut sich der Hase. „Wollen wir was spielen?"

Nelli macht ein wichtiges Gesicht: „Ich kann jetzt nicht spielen, ich muß dringend nachsehen, was die Menschen am Waldrand heute tun."

„Soso", sagt Hoppel. „Meinst du, ich könnte da mitkommen?"

„Hm, tja, da muß ich mal überlegen", sagt Nelli und legt den Kopf schief, als würde sie nachdenken. Hoppel wundert sich. So war Nelli doch sonst nie?

Da lacht Nelli übermütig und sagt: „Na klar, komm mit!"

Schon saust sie los, daß Hoppel Mühe hat, ihr hinterherzukommen.

Je näher sie den Häusern kommen, desto aufgeregter werden sie. Sie verstecken sich hinter ein paar Bäumen und Sträuchern und sehen zu.

Die Menschen bei den Häusern laufen eilig hin und her. Sie tragen viele Pakete bei sich, die sie in die Häuser tragen. Alle Päckchen sehen unterschiedlich aus. Da gibt es kleine und große, längliche und dicke, runde, solche in blauem Papier, und andere in rotem, manche tragen große Schleifen, andere glitzern wieder.

„Merkwürdig", denkt Nelli, „das machen sie doch sonst nicht?"

Dann sieht sie etwas, das noch viel seltsamer ist. Manche der Menschen tragen einen kleinen Baum mit sich ins Haus.

„Siehst du das", zischt Hoppel und stupst Nelli an.

„Ja", flüstert Nelli. „Komisch, im Wald wachsen doch so viele Bäume. Was machen die denn mit den Bäumen im Haus?"

„Komm, das sehen wir uns näher an", schlägt Hoppel vor.

„Meinst du wirklich?" fragt Nelli zweifelnd. „Meine Mutter hat immer gesagt, ich soll nicht so nahe zu den Menschen gehen, da kann es gefährlich für mich sein."

„Ach, was soll denn schon passieren, sie sehen uns doch gar nicht", meint Hoppel.

Vorsichtig schleichen sie sich ein wenig näher, bis es ihnen gelingt, von draußen in ein Fenster zu sehen.

Im Haus glitzert und funkelt es, und als sie genauer hinsehen, erkennen sie, daß da solch ein kleiner Baum steht.

„Ooohhh", staunt Nelli.

Der kleine Baum im Zimmer ist über und über mit bunten Kugeln, Schleifen und Äpfeln verziert. Außerdem gibt es da noch vieles, was Nelli nicht kennt, das glitzert und funkelt.

Nelli kann sich gar nicht sattsehen.

Auch Hoppel hat Augen und Ohren ganz weit aufgemacht und guckt immer noch durch's Fenster.

„Was ist das alles nur?" fragt er Nelli.

„Ich habe keine Ahnung", meint Nelli, „aber fest steht: ich will auch so einen Baum haben. Dann kann ich ihn mir den ganzen Tag anschauen und muß keine Angst haben, daß mich jemand dabei entdeckt."

„Wie willst du denn das anstellen?" fragt Hoppel neugierig. „Das weiß ich auch noch nicht", sagt Nelli. „Komm, gehen wir nach Hause."

GESCHICHTE

Gemeinsam laufen sie nach Hause und auf dem Weg unterhalten sie sich immer noch über den geschmückten Baum, den sie gesehen haben.
„Mama, ich will auch so einen Baum", sagt Nelli zu ihrer Mutter, nachdem sie ihr alles erzählt hat. Die Mutter schüttelt ein bißchen den Kopf und sagt dann: „Aber das ist ein Weihnachtsbaum für Menschen, Nelli!"
„Bitte, Mama, bitte, ich will auch bestimmt immer ganz brav sein", bettelt Nelli.

Da muß die Mutter lächeln. Wenn Nelli so etwas schon verspricht, muß es ihr wirklich ernst sein mit dem Wunsch nach so einem Baum.
„Ich kann dir nichts versprechen", sagt sie zu Nelli, „aber ich werde mir etwas überlegen."
Abends, als Nelli endlich im Bett ist und von ihrem Weihnachtsbaum träumt, geht sie in den Wald, und ruft alle ihre Freunde zusammen. Auf einem großen Platz in der Mitte treffen sie sich.
„Hört mal alle her, meine lieben Freunde", sagt Nellis Mutter. „Wie ihr wißt, feiern die Menschen jetzt Weihnachten und meine Nelli ist heute mal wieder etwas zu nahe zu ihren Häusern gelaufen. Dort hat sie durch ein Fenster einen Weihnachtsbaum gesehen und jetzt will sie auch so einen."
„Aber das ist doch ein Weihnachtsbaum für Menschen", läßt sich da ein alter Dachs vernehmen.
„Ja, das ist doch nichts für uns", sagt ein Uhu und schüttelt den Kopf. „Diese Kinder!"
„Ich weiß, ich weiß", stimmt Nellis Mutter zu, „aber sie wünscht ihn sich doch so sehr. Hat denn keiner eine Idee, wie wir das machen können?"

Eine kleine Maus, die gerade erst dazugekommen ist, macht sich ganz groß und sagt: „Das ist doch ganz einfach! Daß ihr mit euren großen Köpfen da nicht draufkommt?!"
„Sei nicht so frech", schimpft da ein alter Hase, „sag uns lieber, was du für eine Idee hast."
„Ganz einfach", erklärt die Maus. „Wir suchen uns einen kleinen Tannenbaum auf der Lichtung aus und den schmücken wir für Nelli."
Die Tiere nicken, ja, das wäre eine gute Idee.
„Und mit was willst du den Tannenbaum schmücken, du neunmalkluger Schlauberger?"

fragt der Uhu von seinem Ast herunter.
„Hm", sagt die Maus und da fällt ihr nichts mehr ein. „Ganz einfach: von uns könntet ihr ein paar Bucheckern und Nüsse haben", schlagen die Eichhörnchen vor.
„Und wir bringen ein paar Möhren und Äpfel mit", sagen die Hasen.
Auf einmal sind alle Feuer und Flamme. „Ja, das machen wir!"
„Wollt ihr mir wirklich helfen?" fragt Nellis Mutter ganz gerührt.
„Sicher, komm, wir suchen schon einmal einen Baum aus. Und morgen früh treffen wir uns alle auf der Lichtung. Daß mir auch jeder etwas mitbringt!" sagt der Uhu, der sich ein bißchen als der König des Waldes fühlt.
Nellis Mutter und der Uhu suchen einen wunderschönen kleinen Tannenbaum für Nelli aus. Das ist gar nicht so einfach, denn es gibt viele Tannenbäume auf der Lichtung.
Morgens sind sie die ersten auf der Lichtung. Da kommen auch schon die Eichhörnchen. Sie bringen Nüsse, Bucheckern und Eicheln, die Hasen haben Möhrchen und rote Äpfel mitgebracht.
Weil die Eichhörnchen darin am geschicktesten sind, verteilen sie die Sachen auf dem Tannenbaum. Die kleine Maus ist auch da und schleppt lange Gräser an, die sie an den Zweigen zu Schleifen bindet. Da kommen auch die Vögel hinzu. Sie schenken Nelli für ihren Baum ihre schönsten Federn und haben auch noch ein paar Kerne aus den Vogelhäusern mitgebracht, die sie einfach über den Baum verteilen. Am Abend schließlich ist er fertig. Herrlich geschmückt steht er auf der Lichtung.
Zufrieden betrachten Nellis Mutter und die anderen Tiere ihr Werk.
„Da wird Nelli aber staunen", sagt Hoppel, als er den Baum sieht.
Auch Nelli, die zu neugierig war, um zu Hause auf ihre Mutter zu warten, kommt jetzt aus ihrem Versteck hervor.
„Der glitzert ja überhaupt nicht!" sagt sie ganz enttäuscht. „Den Kindern kann man es aber auch nie recht machen!" schimpft der Uhu und fliegt noch einen Ast höher.
„Warte nur bis morgen, du wirst schon sehen", tröstet sie die Mutter.

Am nächsten Morgen ganz in der Frühe, noch bevor die Sonne aufgegangen ist, weckt sie Nelli. Gemeinsam gehen sie zu der Stelle, an der der geschmückte Tannenbaum steht. Über Nacht hat der Frost den Wald erreicht und es ist sehr kalt. Überall sieht man den Reif auf den Bäumen.
Der kleine Tannenbaum sieht aus wie am Abend zuvor. Ein wenig Reif liegt auch auf seinen Ästen, aber von Glitzern keine Spur.
Nelli, die schon auf ein Wunder gehofft hat, ist enttäuscht. „Aber Mama, er sieht doch noch genauso aus wie gestern. Er funkelt und glitzert überhaupt nicht so wie der, den ich bei den Menschen gesehen habe."
Nellis Mutter nickt geduldig und bleibt vor dem Baum stehen. Da geht auf einmal die Sonne über dem Wald auf und als die Sonnenstrahlen den kleinen Tannenbaum erreichen, da fängt er auf einmal an zu glitzern und zu funkeln, daß Nelli die Augen zumachen muß, so hell ist es.
„Ohhh, das ist aber schön!" staunt sie und kann sich gar nicht sattsehen.
Die Mutter lächelt. „Siehst du, Nelli, du mußt nur Geduld haben."
Vor lauter Freude fängt Nelli an zu tanzen und bald kommen auch die anderen Tiere aus dem Wald. Als sie Nelli vor lauter Freude um den Baum springen sehen, da freuen sie sich auch und gemeinsam tanzen sie einen Weihnachtstanz um ihren Weihnachtsbaum herum.

MATERIAL

Walnüsse und Mandeln
Plakafarbe (gold und silber), Pinsel
Pappe, Klebstoff
Filz (rot und blau)
kleiner Tannen- bzw. Mistelzweig (evtl. schon bemalt)
Reißnägel
rote bzw. blaue Kerzen

Weihnachts-Kerzenlichter

So kommen die Kerzen
auf dem Weihnachtstisch erst richtig zur Geltung.
Dabei ist jede Kerze ein eigenes Kunstwerk.

1. *Die Walnüsse werden wie auf Seite 32 beschrieben geöffnet, damit die Schalenhälften ganz bleiben. Für jedes Gesteck werden 5 Hälften benötigt. Der Inhalt kann für Plätzchen (s. Seite 96/97) aufgehoben oder gleich gegessen werden.*

2. *Jetzt werden die Schalenhälften außen mit goldener oder silberner Plakafarbe bemalt und zum Trocknen auf ein Zeitungspapier gelegt. Währenddessen kann man die runden Unterlagen vorbereiten.*

3. *Dazu schneidet man aus der Pappe Kreise mit einem Durchmesser von ca. 8 cm aus und beklebt diese mit Filzstücken von ca. 8 cm x 8 cm Größe. Danach schneidet man den Rand rundherum ab.*

Wenn man ein Glas auf die Pappe stellt und den Rand mit einem Stift umfährt, entsteht ein perfekter Kreis.

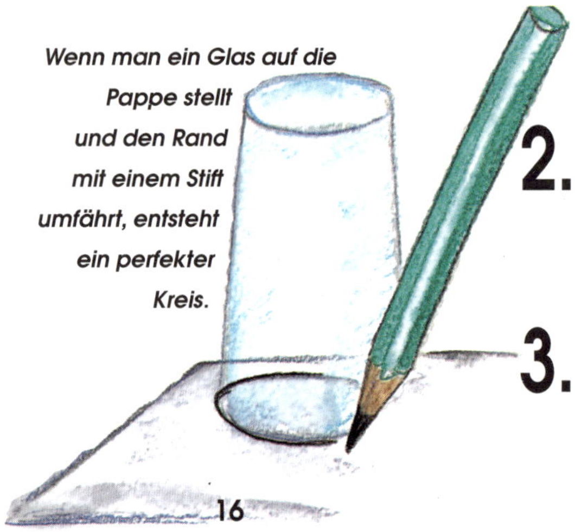

4. *Wenn die Farbe der Schalen getrocknet ist, klebt man sie rundherum auf die Unterlage. Dazwischen etwas Platz für die Zweige und in der Mitte für die Kerze lassen (siehe Zeichnung rechts).*

Benutzt man Walnußschalen, sollte die Kerze etwas größer als eine Baumkerze sein.

5. *Jetzt klebt man vorsichtig kleine Teile des Tannenzweigs zwischen die Walnußschalen. Vielleicht muß man an der Klebestelle von der Unterseite des Zweigs ein paar Nadeln entfernen, damit der Zweig auch hält. In der Mitte den Platz für die Kerze nicht vergessen.*

Tip: Klebstoff auf den Schalenrand streichen und diesen dann auf dem Filz festdrücken.

6. *Zum Schluß sticht man mit einem Reißnagel von unten durch die Pappe an der Stelle, wo die Kerze stehen soll und drückt die Kerze von oben darauf. Sollte der Sitz nicht fest genug sein, kann man den Kerzenfuß auch kurz über eine Flamme halten und danach auf den Reißnagel stellen und festdrücken.*

Winternachtskerze

1. *Für die Winternachtskerze werden Mandelschalen silbern angemalt. Natürlich kann man auch goldene Plakafarbe verwenden. Die Mistelzweige werden ebenfalls angemalt.*

Für kleinere Gestecke eignet sich die zweite Alternative besonders gut, hier kommen auch kleine Kerzen zur Geltung.

2. *Wieder benötigt man einen Pappkreis, der diesmal mit blauem Filz beklebt wird. Die Mandeln werden rundherum aufgeklebt (s. Zeichnung rechts), danach die kleinen Mistelzweige.*

3. *Zum Schluß wird der Reißnagel von unten durchgesteckt und die Kerze darauf festgedrückt.*

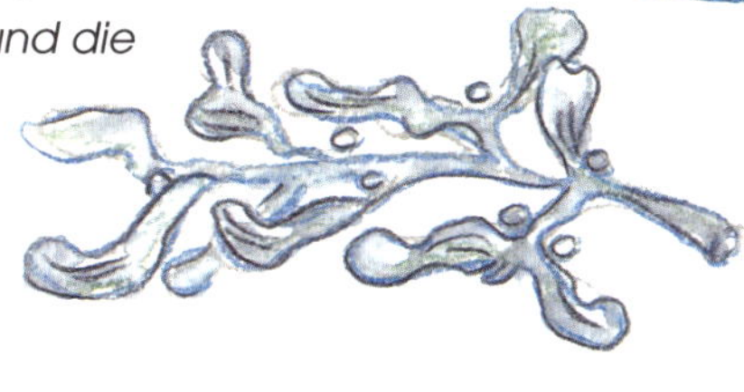

Heiße Winterköstlichkeit

Lecker und gesund:
Bratäpfel – und mit diesen duftenden Füllungen kann ihnen sicher niemand widerstehen.

ZUTATEN
Für die Äpfel:
4 große, festfleischige Äpfel
Zitronensaft
Butter, Öl
Aluminiumfolie
evtl. Vanillesoße

Ob Sie sich für Füllung 1, 2 oder 3 entscheiden, alle werden vor der Vorbereitung der Äpfel zubereitet.

Füllung 1:

1. *Die Sultaninen mit kochendem Wasser in einem Schälchen überbrühen. Danach abgießen und abtropfen lassen.*

2. *Nüsse oder Mandeln, Zucker, Sultaninen und die Marmelade in einem Schüsselchen zusammen rühren. Eventuell etwas heißes Wasser zugeben. Mit Zitronensaft abschmecken. Die Fülle sollte fest sein, aber nicht bröckeln.*

FÜLLUNG 1
2-3 EL geschälte, geriebene Nüsse oder Mandeln
1 EL Zucker
2 EL Sultaninen
1 EL Orangenmarmelade oder andere säuerliche Marmelade

Füllung 2:

Das Marzipan mit etwas heißem Wasser verrühren, die gehackten Nüsse oder Mandeln untermischen und mit Zitronensaft abschmecken.

FÜLLUNG 2

2-3 geschälte, geriebene Nüsse oder Mandeln
3 EL Marzipan
etwas Zitronensaft
etwas heißes Wasser

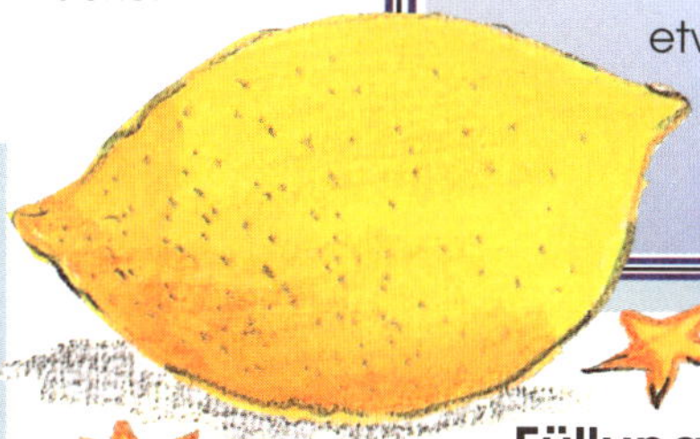

FÜLLUNG 3

4 EL kleingeschnittene getrocknete Datteln (6 - 8 Stück)
2 EL Marzipan
etwas Zitronensaft
etwas heißes Wasser

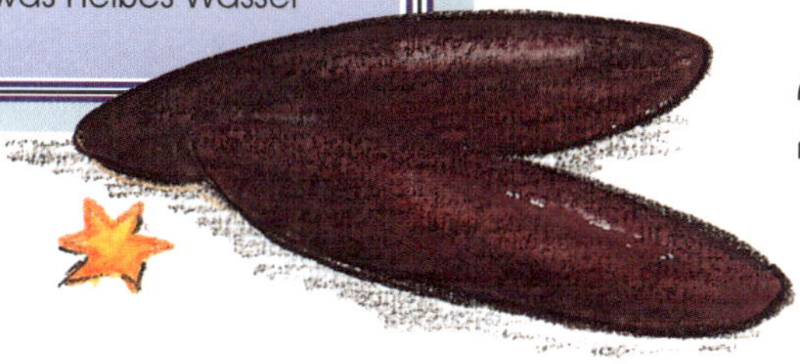

Füllung 3:

1. *Die Datteln entkernen und in kleine Stücke schneiden.*
2. *Das Marzipan mit etwas heißem Wasser verrühren, die kleingeschnittenen Datteln untermischen und mit Zitronensaft abschmecken.*

Vorbereitung der Äpfel:

1. *Die Äpfel waschen und trocknen. Wer die Schale nicht mag, kann sie entfernen. In diesem Fall müssen die Äpfel mit Zitronensaft beträufelt werden, damit sie nicht braun werden.*
2. *Mit einem Apfelstecher das Kerngehäuse, den Stiel und den Blütenansatz großzügig herausschneiden. Die Äpfel mit der vorbereiteten Füllung füllen und jeweils ein kleines Butterflöckchen darauf setzen.*
3. *Aus der Aluminiumfolie Quadrate ausschneiden, die so groß sind, daß jeweils ein Apfel darin eingeschlagen werden kann. Die Aluminiumstücke gut einölen. Die gefüllten Äpfel daraufsetzen und die Aluminiumfolie locker über dem Apfel zusammenschlagen. Folie oben zusammendrücken und die kleinen Pakete auf ein Backblech setzen.*
4. *Das Blech in den vorgeheizten Ofen schieben. Bei etwa 175 Grad eine halbe Stunde schmoren lassen oder unter dem Grill etwa 10 - 15 Minuten grillen. Nicht wenden. Wenn sie gar sind, die Folie etwas öffnen und mit ein wenig Zucker bestreut servieren.*

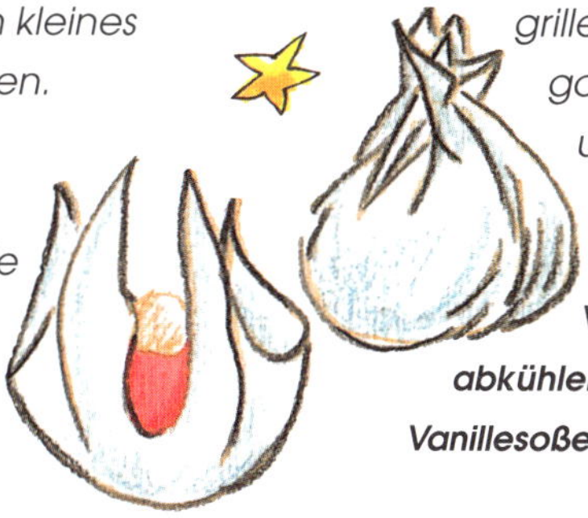

Vor dem Essen etwas abkühlen lassen! Wer mag, serviert Vanillesoße dazu. Guten Appetit!

Weihnachtsfest für Vögel

MATERIAL

kleiner, sauberer Blumentopf aus Ton
Kokosfett
Vogelfutter oder Sonnenblumenkerne
Kordel
Zweig oder Rundstab (ca. 25 cm lang)

Auch die Tiere draußen und vor allem die Vögel freuen sich, wenn man sie Weihnachten nicht vergißt. Und dieses Geschenk ist wirklich ganz einfach zu machen.

1. *Für den Vogelschmaus sucht man draußen nach einem Zweig, der gerade durch das Loch im Boden des Blumentopfes paßt oder sucht im Baumarkt nach einem passenden Rundholz.*

2. *Das Kokosfett wird in einem kleinen Topf zum Schmelzen gebracht. In das geschmolzene Fett streut man das Vogelfutter oder die Sonnenblumenkerne. Das Ganze gut umrühren. Danach zieht man den Topf vom Herd und läßt die Masse etwas abkühlen. Sie soll aber nicht fest werden.*

3. *Inzwischen wird der Blumentopf mit der Öffnung nach oben auf ein Glas oder eine Flasche mit großer Öffnung gestellt. Der Zweig oder das Rundholz werden fest hineingesteckt.*

4. *Entweder mit einem Schöpflöffel oder direkt aus dem Topf wird etwas von der Fettmasse jetzt in den Blumentopf gegossen. Wenn das Fett erkaltet ist, ist das Loch dicht und man kann nach und nach die warme Restmasse hineingeben, bis der Blumentopf voll ist.*

5. *Damit die Fettmasse auch wirklich fest wird, sollte der abgekühlte Blumentopf schließlich noch in den Kühlschrank gelegt werden (etwa 4 Stunden).*

6. *Jetzt kann das Vogelrestaurant mit der Öffnung nach unten aufgehängt werden. Dazu knotet man die Kordel am Zweig unterhalb des Blumentopfbodens fest und bindet das andere Ende an einen Zweig oder an das Balkongeländer.*

7. *Schon bald kann man die Meisen beobachten, wie sie das Futter entdecken. Sie können auf dem Zweig landen und kommen leicht an die Kerne und das Fett heran. So werden sie immer wieder kommen. Deshalb ist es sinnvoll, das Vogelrestaurant immer wieder aufzufüllen, wenn es einmal leergeworden ist.*

Milchflaschen eignen sich hier besonders gut, weil sie eine große Öffnung haben.

Das Fett und die Kerne in dieser Futterglocke brauchen die hiergebliebenen Vögel im Winter, weil sie dann wenig Nahrung finden können.

Wenn Papa an Weihnachten arbeitet

Der Papa von Alexander ist Busfahrer. Jeden Tag fährt er den großen Bus durch die Straßen der Stadt. Natürlich müssen die Busse auch an Weihnachten fahren. Gerade dann möchten viele Menschen ihre Familien und Freunde besuchen und fahren mit dem Bus dorthin. Normalerweise muß Alexanders Vater an Weihnachten nicht arbeiten. Aber dieses Jahr ist ein Kollege von ihm krank geworden und so muß er doch zum Dienst.

Es ist Heiligabend. Hinter allen Fenstern leuchten die Weihnachtsbäume mit ihren vielen Kerzen.

Nur bei Alexander zu Hause brennen die Kerzen noch nicht. Weil der Vater nicht zu Hause ist, haben sie das Feiern auf den nächsten Tag verschoben.

„Mama, mir ist so langweilig", sagt der kleine Alexander. „Kommt denn der Papa bald?"

„Nein, Alexander, heute muß der Papa arbei-

ten", antwortet die Mutter. „Deshalb feiern wir ja auch morgen alle zusammen Weihnachten."
Alexanders Schwester Beate erzählt, daß die Mutter ihrer Freundin Miriam auch an Weihnachten arbeiten muß. Miriams Mutter ist Ärztin und weil auch an Weihnachten viele Menschen im Krankenhaus liegen, müssen auch die Ärzte und Krankenpfleger arbeiten.
Gelangweilt guckt Alexander aus dem Fenster. Draußen wird es schon langsam dunkel. Er denkt an seine Freunde, die jetzt alle zu Hause Weihnachten feiern und Geschenke auspacken können.
„Ich krieg meine Geschenke erst morgen", denkt er traurig. „Und der Papa? Dem ist doch bestimmt auch langweilig, so ganz allein ohne uns..."
Als Alexander noch ein Weilchen darüber nachdenkt, kommt ihm auf einmal eine Idee.
„Mama?"fragt er. „Können wir den Papa denn nicht besuchen?"
„Ach ja bitte, Mama!" sagt jetzt auch Beate. „Wir könnten ja ein paar Plätzchen mitnehmen und den Weihnachtspunsch und ein bißchen im Bus mitfahren", fügt sie hinzu.
Die Mama guckt erst erstaunt, dann überlegt sie kurz und lächelt.
„Das ist eine gute Idee", sagt sie, „ich erkundige mich mal, auf welcher Linie er heute fährt."

In der Zentrale erfährt sie, daß Alexanders Vater heute die Strecke fährt, die ganz nah an ihrem Haus vorbeiführt.
Schnell packen sie ein paar Lebkuchen, eine Kanne mit heißem Punsch aus Tee und Saft, einen kleinen Tannenzweig mit einer Kerze und einer Kugel in eine Tasche. Dann ziehen sie ihre warmen Mäntel, die dicken Mützen und die Winterstiefel an und marschieren los.
Als Alexanders Vater mit dem Bus in die Straße einbiegt, wo er zu Hause ist, denkt er an seine Familie, die auf ihn wartet, weil sie ohne ihn nicht Weihnachten feiern will.
Dann fährt er die nächste Bushaltestelle an. Als er näherkommt, und die Busscheinwerfer auf die kleine Gruppe fallen, die an der Haltestelle steht, kriegt er ganz große Augen. „Das gibt's doch gar nicht!" ruft er begeistert. Dann öffnet er die Türen und stürmt nach draußen.
„Wie kommt ihr denn hierher? Das ist ja eine tolle Überraschung!"
„Wir wollten dich besuchen und mit dir Weihnachten feiern, Papa", sagt Alexander und freut sich.
„Das ist aber eine gute Idee, steigt nur schnell ein, es ist kalt draußen!"

Drinnen sagt Beate: „Wir haben dir auch Plätzchen und Punsch mitgebracht und einen kleinen Zweig für deinen Bus. Damit du nicht vergißt, daß Weihnachten ist."
„Hm, damit müssen wir leider warten, bis wir an der Endhaltestelle sind", sagt der Vater, „aber wir sind ja gleich da."
Alexander, Beate und die Mutter sind die einzigen Fahrgäste, die die zwei Stationen bis zur Endhaltestelle noch mitfahren. Dort hat der Vater eine kurze Pause.
Sie schenken den Punsch in die mitgebrachten Tassen und legen die Lebkuchen auf rote Servietten. Der Tannenzweig mit Kugel und Kerze kommt in die Mitte und so feiern sie ein kleines Weihnachtsfest.
„Fröhliche Weihnachten, Papa!" sagt Alexander noch, da müssen sie auch schon wieder alles einpacken. Die Pause ist vorbei und mit dem Bus geht es in eine neue Runde.
Alexander, Beate und ihre Mutter fahren natürlich mit. Den kleinen Tannenzweig mit der Kugel haben sie in den Bus gehängt. Damit es auch ein bißchen nach Weihnachten aussieht.

GESCHICHTE

An der nächsten Station steigt ein Vater mit seiner kleinen Tochter ein.
„Miriam!" ruft Beate begeistert und läuft zu ihr. „Was machst du denn da?"
„Meine Mama arbeitet heute und wir wollen sie überraschen", sagt Miriam.
„Wir haben uns auch schon etwas Tolles ausgedacht. Im Krankenhaus gibt es ein Wartezimmer für Leute, die plötzlich krank geworden sind. Dort setzen wir uns rein und warten, bis wir dran kommen. Und wenn ich dann drinnen bei meiner Mutter bin, dann erst sagen wir ihr, daß ich gar nicht krank bin, sondern sie nur besuchen will. Da freut sie sich bestimmt!"
Beate lacht und auch ihre Mutter muß lachen.
„Auf was für Ideen die Kinder kommen", sagt sie zu Miriams Vater. Der zuckt nur mit den Schultern und meint: „Ich finde es schön, wenn die Kinder auch denen eine Freude machen wollen, die an Weihnachten arbeiten müssen."
Dann setzen sie sich alle zusammen und während sie weiterfahren, erzählt Alexander, wie sie ihren Vater überrascht haben. Da lacht auch Miriams Vater.
„Der muß ja gestaunt haben, als er euch an der Bushaltestelle gesehen hat!"
Gerade steigt eine ältere Frau in den Bus. Als sie den kleinen Tannenzweig mit der Kugel im Bus hängen sieht, sagt sie zu Alexanders Vater:
„Na, da hat wohl jemand an Sie gedacht, Sie Armer."

Alexanders Vater nickt. „Ich muß zwar heute arbeiten, aber meine Familie hat mich nicht vergessen! Sie haben mir Lebkuchen und Punsch und diesen kleinen Zweig mitgebracht!"
„Ja, ja, mein Mann muß auch heute arbeiten, und damit er nicht so allein ist, besuche ich ihn", sagt die Frau.
„Setzen Sie sich doch zu meiner Familie, dann haben Sie ein wenig Unterhaltung", schlägt Alexanders Vater vor.
„Ja, gern", sagt die Frau und setzt sich neben Alexander.
„Wie heißt du denn?"
„Alexander", sagt Alexander. Dann fragt er neugierig: „Was arbeitet denn ihr Mann? Ist er auch Busfahrer, wie mein Vater?"

„Nein, er ist Nachtwächter. Er paßt auf, daß keine Einbrecher in die Fabrik kommen", erzählt die Frau.
„Und was bringen Sie ihm mit?" fragt jetzt auch Beate.
„Einen heißen Tee und ein paar Plätzchen, die ich selbst gebacken habe", antwortet die Frau. „Wollt ihr mal probieren?"
Alexanders Mutter sagt: „Danke, aber die sind doch für Ihren Mann?" Da schlägt Alexander vor: „Wir können ja tauschen: Lebkuchen gegen Plätzchen!"

„Das ist eine gute Idee", lacht die Frau. „Mein Mann ißt so gerne Lebkuchen und ich habe heute ganz vergessen, welche zu kaufen."
Also tauschen sie Plätzchen gegen Lebkuchen und sogar Miriam und ihr Vater bekommen ein paar Plätzchen, bevor sie aussteigen.
Ein paar Stationen weiter fährt auf einmal ein Feuerwehrauto an ihnen vorbei.
Aufgeregt guckt Alexander hinaus. „Schau, die müssen an Weihnachten auch arbeiten. Der Papa von meinem Freund Robert ist bei der Feuerwehr. Der hat gesagt, an Weihnachten haben sie immer viel zu tun. Viele Menschen sind nicht vorsichtig mit den Kerzen und dann brennt der ganze Weihnachtsbaum und dann muß die Feuerwehr zum Löschen kommen."
Dann fragt er seine Mutter: „Ob der Robert seinen Vater an Weihnachten auch besuchen kann, wenn er arbeitet?"

„Ich weiß nicht", antwortet die Mutter, „vielleicht ist das zu gefährlich."
„Hm", sagt Alexander, „ich muß ihn unbedingt mal fragen."

Wenig später steigt wieder eine Mutter mit zwei Kindern ein. Sie setzt sich zu Alexander und Beate.
Sie haben eine große Tasche dabei, aus der eine Thermoskanne guckt und wenn man genauer hinsieht, glitzert auch ein Päckchen heraus.
„Wo fahrt ihr denn hin?" fragt Alexander. „Besucht ihr auch jemanden?"
Erstaunt guckt die Mutter herüber.
Alexanders Mutter lächelt und sagt zu Alexander: „Sei nicht so neugierig!"

Aber Alexander läßt nicht locker. „Das ist nämlich mein Papa, der den Bus fährt und wir haben ihn besucht, weil heute Weihnachten ist!" sagt er stolz.
„Das ist ja ein Zufall!" lacht die Mutter.
„Wir sind auch gerade auf dem Weg, meinen Papa zu besuchen. Der ist bei der Polizei und muß heute auch arbeiten. Ich heiße Klaus und du?"
„Alexander", sagt Alexander. „Was macht denn dein Papa bei der Polizei?"
„Normalerweise Verbrecher jagen", meint Klaus, „aber heute ist er im Büro und da können wir ihn besuchen."
„Habt ihr auch Lebkuchen dabei?" fragt Beate.
„Klar, Lebkuchen und Plätzchen und sogar ein Geschenk für Papa", sagt Christine, Klaus' Schwester.
„Da freut er sich aber bestimmt!" sagt Alexanders Mutter. Alexander ist begeistert. Alle, die an Weihnachten arbeiten müssen, bekommen Besuch und sind nicht allein.

Süßer Tannenbaum

Dieser Tannenbaum trägt Kerzen wie ein echter – ob als festlicher Nachtisch oder zum Adventskaffee – er schmeckt bestimmt.

ZUTATEN

1 Zitrone, 400 g Zucker
5 EL Honig, 60 g Butter
1 Ei, 1 Prise Salz
1 Päck. Lebkuchengewürz
1 Päck. Backpulver
650 g Mehl
Mehl für die Arbeitsfläche
2 EL Dosenmilch, Pinsel
Backpapier
Transparentpapier

Zum Verzieren:

250 g Puderzucker, 1 Eiweiß
Liebesperlen, Schokolinsen
10-12 Puppenkerzen

1. *Das Transparentpapier in der Mitte falten und die neun Sternhälften von der Vorlagenseite 138/139 einzeln abpausen. Dann ausschneiden und auseinanderklappen, so daß die ganzen Sterne zu sehen sind.*

2. *Den Zitronensaft auspressen und zusammen mit dem Zucker, dem Honig und der Butter in einem Topf erwärmen, bis alles flüssig geworden ist.*

3. *Danach das Ei, das Salz und das Lebkuchengewürz unterrühren. Das Mehl mit dem Backpulver mischen und ebenfalls untermengen.*

4. Den Teig auf die bemehlte Arbeitsfläche geben und so lange kneten, bis er geschmeidig ist. Dann 1 Stunde im Kühlschrank ruhen lassen.

5. Danach wird der Teig auf der wiederum bemehlten Arbeitsfläche etwa 1 cm dick ausgerollt. Die Schablonen darauf legen und den Teig rundherum ausschneiden, so daß neun unterschiedlich große Sterne entstehen.

6. Die Teigsterne auf ein mit Backpapier ausgelegtes Backblech legen und mit der Dosenmilch bepinseln. Danach bei 175 Grad etwa 20 Minuten lang backen. Zum Auskühlen gibt man die Sterne auf ein Kuchengitter.

7. Zum Zusammenkleben der Teigsterne die 250 g Puderzucker mit dem Eiweiß verrühren. Jetzt wird der zweitgrößte Stern an der Unterseite mit dieser Masse bestrichen und auf den größten Stern gelegt. So geht es weiter, bis alle Sterne der Größe nach aufeinander kleben.

Mit der restlichen Puderzuckermasse können die Kerzen auf den Sternspitzen befestigt und die Liebesperlen oder Schokolinsen aufgeklebt werden.

Zauberhafte Weihnachtskarten

Diese selbstgebastelten Weihnachtskarten sind schon kleine Geschenke für sich. Dabei sind sie ganz einfach nachzumachen.

MATERIAL

Wachsmalkreiden mit hohem Wachsanteil
Pergamentpapier
Tonpapier oder fertige Blankogrußkarten
Goldfolie, Klebstoff
buntes Transparentpapier

1. *Das Pergamentpapier wird dick mit Wachsmalkreiden bemalt. Blautöne oder dunkle Rottöne eignen sich für die Weihnachtsgrüße am besten.*

2. *Das bemalte Pergamentpapier wird einmal in der Mitte gefaltet, so daß die Wachsschicht innen zu liegen kommt.*

Auf das Bügelbrett legt man nun eine Schicht Zeitungspapier, darauf das zusammengefaltete Pergamentpapier und darauf wieder Zeitungspapier.

Jetzt mit dem Bügeleisen (mittlere Einstellung) kurz darüberbügeln. Durch die Hitze verläuft das Wachs, das Zeitungspapier schützt Bügelbrett und Bügeleisen vor eventuell überlaufendem Wachs.

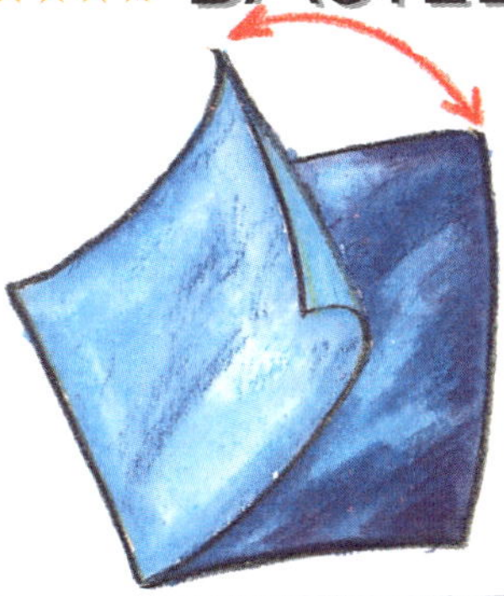

3. Nach dem Bügeln das Pergamentblatt vorsichtig auseinanderziehen und trocknen lassen. Ist es sehr geknittert, kann man es unter einer Schicht Zeitung und mehreren schweren Büchern wieder glattpressen.

4. Das Tonpapier wird in der gewünschten Größe ausgeschnitten und auf Hälfte gefaltet, so daß eine Klappkarte entsteht. Man kann jedoch auch Blankogrußkarten verwenden.

5. Aus dem Pergamentblatt schneidet man ein Stück in der Größe der Karte aus und klebt es darauf. Man kann auch rundherum einen Rahmen frei lassen, das sieht besonders fein aus.

6. Jetzt kann man es mit goldenen Sternchen, die aus der Goldfolie ausgeschnitten oder goldenen „Schneeflöckchen", die mit dem Locher aus der Goldfolie gestanzt werden, bekleben.

Achtung: Alle stehenbleibenden Teile einer Zeichnung müssen über einen Steg mit dem Rest verbunden bleiben.

Eine leuchtende Weihnachtskarte

1. Wieder benötigt man eine Klappkarte. Mit einem Bleistift wird auf der Innenseite die gewählte Form aufgezeichnet.

2. Jetzt wird der Teil ausgeschnitten, der mit farbigem Transparentpapier hinterlegt werden soll.

3. Schließlich schneidet man ein Stück Transparentpapier aus, das groß genug ist, um die Ränder der ausgeschnittenen Form zu überdecken und klebt es von innen dagegen.

Stellt man nach dem Trocknen eine Kerze zwischen die Klappkarte, leuchtet das Fenster in festlichem Licht.

Leckere Walnußanhänger

ZUTATEN

Für zwanzig Anhänger
10 ganze ungeschälte Walnüsse
20 TL Nougat (ca. 200 g)
Nähgarn aus Baumwolle
goldene Klebesternchen
evtl. Klebstoff

Wetten, daß diese Anhänger nicht lange am Weihnachtsbaum hängen? Die Kinder wissen schnell, wie sie an die süße Füllung kommen.

1. *Die Walnüsse werden, wie auf Seite 32/33 beschrieben, geöffnet. Dann werden die Schalen von den Häutchen und den Nüssen befreit. Die Nüsse können zum Backen verwendet werden (siehe Rezept auf Seite 96/97).*

2. *Das Nougat wird im Wasserbad zum Schmelzen gebracht. Dazu kann man einen Wasserbadtopf verwenden oder man stellt einen kleineren Topf in einen größeren, in dem Wasser bis zum Siedepunkt erhitzt wird.*

3. *Das Nähgarn wird in 40 cm lange Abschnitte geschnitten. Beide Enden eines Abschnitts werden in eine leere Nußschale gelegt. Dann wird die Schale mit Nougat aufgefüllt. Nach dem Auskühlen und Festwerden kann der Anhänger aufgehängt werden. Wer möchte, kann sich einen solchen Anhänger vom Baum pflücken und auslutschen. Wetten, daß sie nicht lange hängen?*

4. ***Alternative:*** *Die Walnüsse können auch zu einem Viertel kleingehackt und unter das flüssige Nougat gemischt werden, bevor man dieses dann in die Walnußhälften füllt.*

5. *Noch schöner sehen die Anhänger aus, wenn sie mit goldenen Sternen verziert werden:*
Dazu benötigt man einen zweiten Faden, dessen Ende am besten auch vor dem Einfüllen in die Walnußschale gelegt wird. Ist das Nougat fest geworden, kann der Faden verziert werden. Dazu werden goldene Klebesternchen so gegeneinander geklebt, daß der Faden jeweils dazwischenliegt. Hängt man den Anhänger jetzt auf, trägt er einen Sternenschweif.

6. *Wer mag, kann natürlich auch die Schalen mit ein paar Klebesternchen verzieren. Diese sollten dann aber mit einem Tropfen Klebstoff zusätzlich fixiert werden, da sie sonst auf der Schale nicht haften bleiben.*

Man kann auch ganze Ketten dieser Walnußanhänger machen und sie über die Zweige des Tannenbaums legen.

Engelchen und **N**ikolaus

Mit diesen Bastelideen für den Weihnachtsbaum geht die Zeit des Wartens ganz schnell vorbei.

MATERIAL

weißes Tonpapier
Filz- oder Buntstifte
weiße, blaue und rote Plakafarbe
Walnüsse
Goldfolie
Watte, Klebstoff

1. *Die Walnüsse werden mit der Spitze einer Nagelfeile in zwei Hälften geteilt. Dazu setzt man die Feilenspitze an der runden Seite der Schale an und dreht die Nagelfeile kurz um die Längsachse. Die Schale springt auf.*

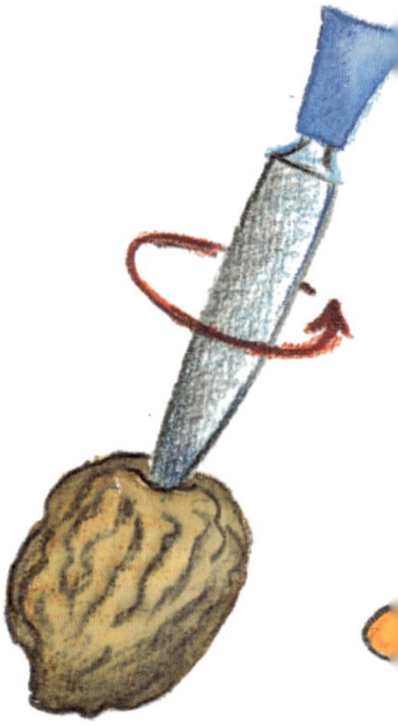

2. *Für die Nikolausfiguren werden die Schalenhälften rot bemalt. Zu den Engeln passen blaue oder silberfarbene Nußhälften besser. Für jede Figur benötigt man 2 Walnußhälften. Während die Farbe trocknet, können die Figuren ausgeschnitten werden.*

3. *Dazu paust man von der Vorlagenseite 136/137 die Vorlage für den Nikolaus und für den Engel je einmal ab. Die Vorlagen auf das Tonpapier legen und ausschneiden. Das Gesicht beider Figuren wird mit Filz- oder Buntstiften bemalt.*

4. *Der Nikolaus bekommt noch rote Stiefelchen, rote Arme und Beine und eine rote Mütze.
Die Arme des Engelchens werden mit Plakafarbe aufgemalt (siehe unten).*

5. *Schließlich klebt man auf jede Seite der Tonpapierfigur eine Walnußhälfte in der passenden Farbe an die vorgesehene Stelle.*

6. *Beide Figuren bekommen jetzt Haare aus Watte, der Nikolaus braucht natürlich noch einen Bart.
Auch die Stiefelansätze können mit etwas Watte beklebt werden.
Das geht am einfachsten, wenn man kleine Wattestückchen erst zwischen den Fingern etwas hin- und herrollt und dann festklebt.
Die Engelsflügel werden aus Goldfolie ausgeschnitten und aufgeklebt.*

7. *Zum Aufhängen zieht man mit Hilfe einer Nadel einen Faden oder eine Goldkordel durch den oberen Rand des Kopfes und befestigt diese mit einem Knoten.*

***Tip:
Den Klebstoff immer auf das Papier geben und die Watte darauf festdrücken – nicht umgekehrt!***

***Wer es noch himmlischer mag, kann die Flügel zusätzlich noch mit einer dünnen Watteschicht versehen.
Dazu bestreicht man die Flügelfläche dünn mit Klebstoff und streicht kurz mit einem Wattebausch darüber.***

ZUTATEN

125 g Butter, 500 g Mehl
80 g Zucker, 1 Päck. Vanillinzucker, 1 Würfel frische Hefe
250 ml lauwarme Milch
4 Eigelb, 1 Prise Salz
abger. Schale von
1 Zitrone (unbehandelt)
100 g süße Mandeln, gehackt
150 g Sultaninen
Mehl für die Arbeitsfläche
Backpapier, 1 Eigelb zum Bestreichen, 1 Pinsel

Süßer Weihnachtsmann

Wenn dieser Weihnachtsmann nicht viel zu schön zum Essen wäre, würde man am liebsten hineinbeißen. Ob Sie's mal versuchen?

1. *Butter in einem kleinen Topf zergehen und etwas abkühlen lassen. Das Mehl in eine Rührschüssel sieben und eine Mulde hineindrücken. In die Mulde den Zucker, den Vanillinzucker und die zerbröckelte Hefe hineingeben und mit der lauwarmen Milch und etwas Mehl vom Rand verrühren. Mit einem Küchentuch zudecken und an einem warmen Platz etwa 15 Min. gehen lassen.*

2. *Die abgekühlte Butter, das Eigelb, Salz, die abgeriebene Zitronenschale, die Mandeln und die Sultaninen dazugeben und unterkneten. Am einfachsten geht das mit der Küchenmaschine. Wenn der Teig sich vom Schüsselrand löst, zudecken und 30 Min. gehen lassen.*

VERZIERUNG:

Bart, Haare und Pelzbesatz:
4 Eiweiß, 1 TL Zitronensaft,
200 g feiner Zucker
Körper: 175 g Puderzucker,
1 Eiweiß, 1 EL Zitronensaft,
Speisefarben, Zuckerschrift,
Schokolinsen

3. *Den Teig auf der bemehlten Arbeitsfläche durchkneten und in zwei gleiche Teile teilen.*

4. *Aus einer Hälfte einen ovalen Körper mit zwei Beinen formen, auf ein mit Backpapier ausgelegtes Backblech legen. Aus der anderen Hälfte die Arme (zwei Rollen), den Kopf mit Mütze (große Kugel und Rolle) und Nase und Ohren (drei kleine Kugeln) formen. Die Teigstücke zusammensetzen und gut zusammendrücken.*

So sollte der Weihnachtsmann vor dem Backen aussehen.

5. *Den Weihnachtsmann mit Eigelb bestreichen und im vorgeheizten Backofen bei 200 Grad etwa 30 Min. goldgelb backen. Danach auf einem Kuchengitter auskühlen lassen.*

6. *Der Baiser für Mütze, Haare, Bart und Pelzbesatz: Dazu schlägt man das kalte Eiweiß mit ein paar Tropfen Zitronensaft sehr steif. Dann unter weiterem Schlagen die Hälfte des feinen Zuckers löffelweise einrieseln lassen. Wenn die Masse schnittfest ist, hebt man den restlichen Zucker auf einmal unter und schlägt kräftig weiter, bis die Masse sehr steif, glatt und glänzend ist.*
Die Eiweißmasse kommt in einen Spritzbeutel und wird auf ein mit angefeuchtetem Pergamentpapier ausgelegtes Backblech gespritzt: eine Rosette für die Mütze, einen Halbkreis für die Haare, einen etwas größeren für den Bart und zwei kleinere Streifen als Pelzbesatz für die Beine. Sofort bei schwacher Hitze (etwa 110 Grad) im vorgeheizten (Restwärme) Backofen etwa 60-90 Min. trocknen lassen (alle Teile sollen weiß bleiben).

7. *Puderzucker mit Eiweiß und Zitronensaft zu Zuckerguß verrühren und mit roter Speisefarbe einfärben. Den Körper, Arme, Beine und die Mütze damit überziehen. Gesicht bis auf Nase und Ohren, sowie die Hände freilassen. Mit Zuckerschrift den Mund aufmalen und mit den Schokolinsen den Weihnachtsmann verzieren.*

Mit der Spritztülle wird die Eiweißmasse auf das Pergamentpapier gespritzt.

SINGEN

Morgen kommt der Weihnachtsmann

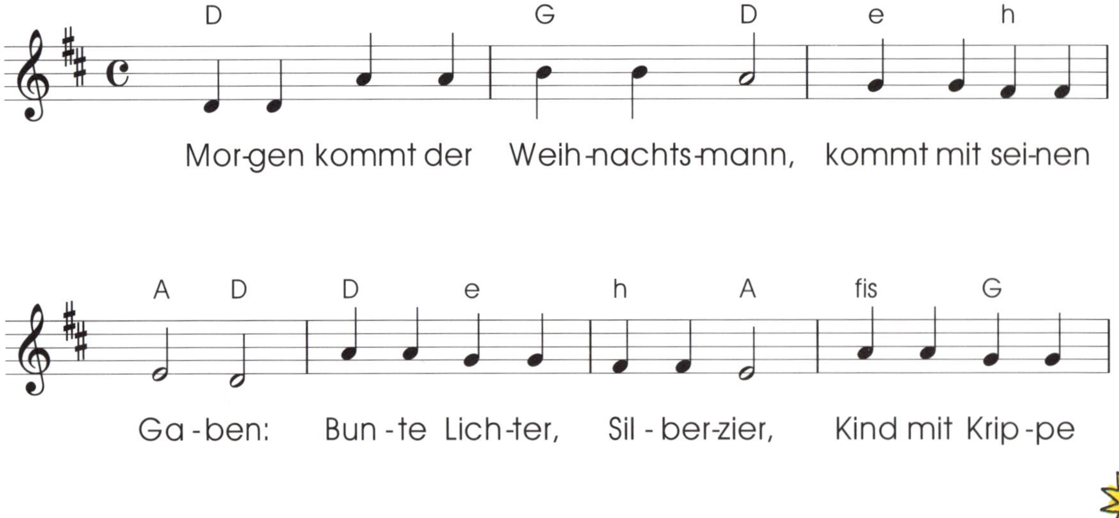

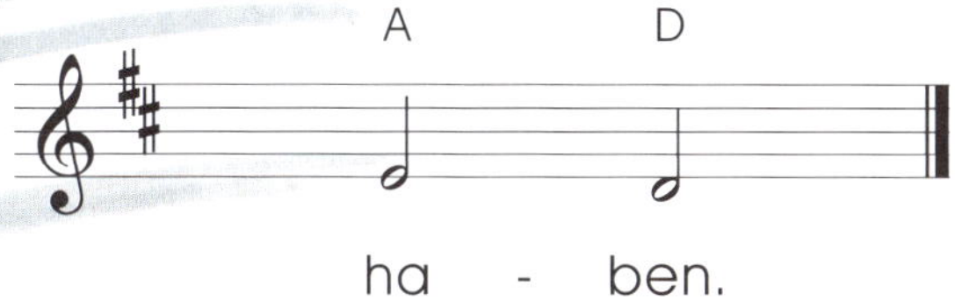

2. *Doch du weißt ja unseren Wunsch, kennst ja unsere Herzen. Kinder, Vater und Mama, auch sogar der Großpapa, alle, alle, sind wir da, warten dein mit Schmerzen.*

Warum am 6. Dezember der Nikolaus kommt.

Weshalb der Nikolaus mal alleine, mal in Begleitung kommt und was es sonst noch über ihn zu sagen gibt.

Nikolaus nennen wir den alten Mann mit weißem Bart und roter Kleidung, der am Vorabend seines Namenstages, dem 6. Dezember, zu uns in die Häuser kommt und süße Naschereien in unsere Stiefel steckt.

In manchen Orten wird der Nikolaus von einer Schreckgestalt begleitet, dem Krampus. Dieser ist ein Sinnbild für den vom heiligen Nikolaus gebändigten Teufel.

In wieder anderen Orten nennt man den Nikolaus auch Knecht Ruprecht, der meist nicht nur mit Geschenken, sondern auch mit einer Rute erscheint, um die Kinder zu bestrafen, die nicht brav waren.

Weil die Legende des heiligen Nikolaus auf zwei Bischöfe aus dem 4. und dem 6. Jahrhundert zurückgeht, sieht man ihn auch manchmal mit der Bischofsmütze und dem Bischofsstab.

Bei uns in Deutschland wird der heilige Nikolaus etwa seit dem 10. Jahrhundert verehrt. Er ist auch der Patron der Schiffer, Kaufleute, Bäcker und Schüler. Im Orient kennt und verehrt man den Nikolaus schon seit dem 6. Jahrhundert.

Man kann das Säckchen nach dem Trocknen mit Süßigkeiten füllen und dem Weihnachtsmann einen Zweig in die Hand geben, den man einfach mit einem Nähfaden an der Hand festbindet.

Nikolaus

Dieser Nikolaus kann sich nicht nur bewegen, sondern trägt auch ein Säckchen mit kleinen Überraschungen.

MATERIAL

fester Zeichenkarton
rote, rosa und schwarze Stoffreste oder Filz in den gleichen Farben
Watte, Klebstoff
4 Briefklammern
fester dünner Faden (ca. 35 cm)
Nähnadel und Faden
kleine Süßigkeiten
kleiner Tannenzweig
Holzkugel oder Knopf

1. *Die einzelnen Teile des Nikolauses werden von der Vorlagenseite 138/139 auf den Zeichenkarton übertragen und ausgeschnitten.*

2. *Alle Kartonteile mit Klebstoff einstreichen und den farblich passenden – wie im folgenden beschrieben – Filz oder Stoff darauf festdrücken. Danach kann man diesen an den Rändern entlang schneiden. Unser Nikolaus trägt einen roten Mantel, eine rote Hose, eine rote Mütze und schwarze Stiefel.*

3. *Die Hände werden mit rosafarbenem Stoff oder Filz beklebt. An den unteren Ärmelrändern und an den Stiefelrändern kann man zum Schluß noch etwas Watte als „Pelzbesatz" aufkleben.*

4. *Für den Kopf wird zunächst die Kapuze mit rotem Filz oder Stoff bedeckt. Auf die untere Hälfte des Kartons (etwa 7 cm hoch)* wird für das Gesicht rosa Filz oder Stoff aufgeklebt (siehe Zeichnung rechts). Nun wird an den oberen Rand etwas Watte für die Haare geklebt. Auch der Bommel wird jetzt aufgeklebt.

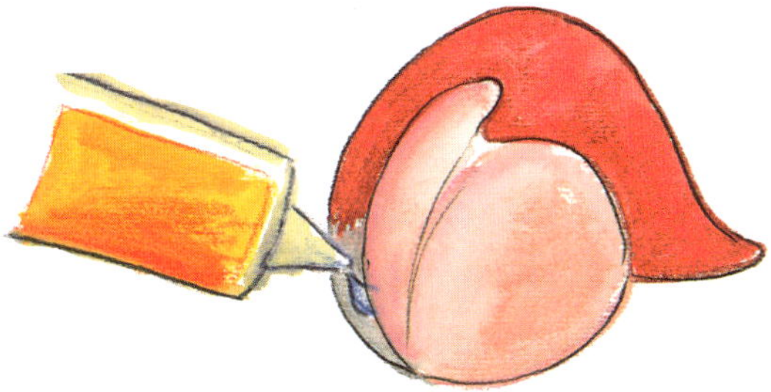

5. Während die einzelnen Teile trocknen, kann man das Säckchen nähen. Dafür wird ein Stück Filz oder Stoff (etwa 12 x 18 cm) doppelt gelegt und die Mitte markiert. Von dieser Mitte aus schneidet man jetzt mit der Schere auf der einen Hälfte die Ränder schräg nach oben ab (siehe Zeichnung rechts). Dann werden die Außenränder zusammengenäht. Jetzt dreht man das Beutelchen so, daß die Nähte innenliegen und klebt die schmalere Seite des Beutelchens auf dem Rumpfteil fest.

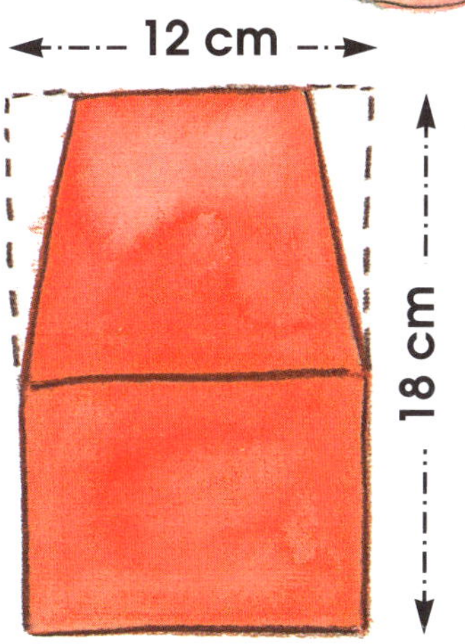

Zum Befestigen kann man auch die Innenseite des Säckchens mit einem Hefter an den Rumpf klammern.

6. Jetzt wird auch der Kopf auf den Rumpf aufgeklebt. Nachdem er getrocknet ist, kann man Augen und Mund aus Filz ausschneiden und aufkleben, sowie etwas Watte für den Bart.
Zum Schluß werden die Löcher für die Briefklammern und für den Faden zum Ziehen mit einer spitzen Schere vorgebohrt.
In die inneren Löcher kommt der Faden. Erst durch den einen Arm ziehen und mit einer kleinen Schlaufe festknoten, dann durch den anderen Arm und am gleichen Knoten befestigen, so daß der restliche Faden senkrecht nach unten läuft. Von hier wird wieder durch das eine Bein eine Schlaufe gebildet, festgeknotet und dasselbe beim anderen Bein wiederholt. Die Schlaufen müssen hier länger sein, als bei den Armen. Zum Schluß führt der Faden wieder nach unten und bekommt am Ende eine Holzperle oder einen Knopf.
Jetzt werden Arme und Beine hinter den Rumpf gelegt, die Briefklammern werden von oben durchgesteckt und hinten umgeklappt. Zieht man an der Perle, bewegen sich Arme und Beine.
Zum Schluß zieht man zum Aufhängen noch einen Faden durch die Kapuze.

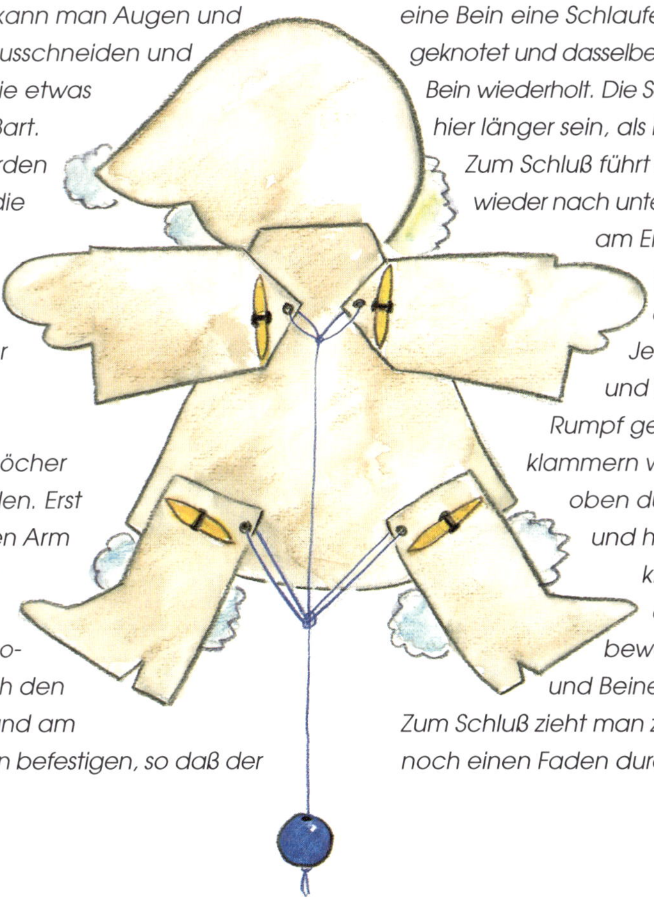

Die zweite Adventswoche

Basteln und Backen stehen in dieser Woche im Vordergrund. Dazu gehören kleine Geschenke für liebe Freunde und Verwandte, aber auch ein Mini-Weihnachtsbaum für das Kinderzimmer oder als Tischdekoration. Die Lebkuchen sollten jetzt gebacken werden, damit sie bis Weihnachten noch weich werden und ein Knusperhäuschen, das nach und nach gegessen werden kann. Und weil sie in der Vorweihnachtszeit ja besonders gut schmecken, finden sich auch die übrigen Weihnachtsplätzchen fast alle hier. Während die Plätzchen im Ofen backen, lassen spannende Geschichten, wie die von Familie Bär, und Spiele für alle Sinne auch an trüben Tagen. keine Langeweile aufkommen.

Ihr Kinderlein kommet

2. *O seht in der Krippe im nächtlichen Stall,*
seht hier bei des Lichtleins hellglänzendem Strahl
den lieblichen Knaben, das himmlische Kind,
viel schöner und holder als Engelein sind!

3. *Da liegt es, das Kindlein, auf Heu und auf Stroh,*
Maria und Joseph betrachten es froh.
Die redlichen Hirten knien betend davor,
hoch oben schwebt jubelnd der Engelein Chor.

Spiele zum Schmecken

Plätzchen-Memory

Auf dem Tisch liegen Plätzchen verschiedener Art und Form. In einer Dose gibt es die gleichen Kekse noch einmal. Alle Teilnehmer sitzen um den Tisch und versuchen, sich die Lage der Plätzchen einzuprägen. Dann werden sie mit einem Tuch abgedeckt. Jetzt greift der erste in die Dose, nimmt ein Plätzchen und versucht, sich daran zu erinnern, wo das passende Plätzchen unter dem Tuch liegt. Dann wird nachgesehen. Stimmen beide überein, dürfen sie gegessen werden – wenn nicht, kommt das Plätzchen zurück in die Dose. Dann darf der nächste raten.

Geschmack erraten

Dem Spieler werden die Augen verbunden. Nun bekommt er kleine Stücke von Früchten, Plätzchen, Schokolade oder Gemüse in den Mund gesteckt und muß raten, was er da gerade ißt. Errät er es, darf der nächste es versuchen. Dabei kann schon einmal eine saure Gurke, ein Stückchen Zitrone oder ein Löffel Joghurt dazwischengeraten. Das Vertrauen des Spielers darf aber nicht ausgenützt werden, indem man ihm etwas Unangenehmes zu essen gibt, oder etwas, das er oder sie gar nicht mag.

Plätzchen- oder Schokoladearten können übrigens auch erraten werden.

GESCHICHTE

Das unerwartete Geschenk

In der Küche steht Frau Schuster und rührt nachdenklich in der Suppe. Frau Schuster ist die Mutter von Monika und Sabine und während sie das Mittagessen vorbereitet, denkt sie an ihre Mutter, die Oma der Mädchen. „Dieses Jahr feiern wir zum ersten Mal Weihnachten nicht bei Oma", denkt sie. Monika und Sabine haben schon die Plätzchen vermißt, die sie sonst immer gebacken hatte. Aber die Oma war dieses Jahr ins Altersheim gezogen. Die Wohnung, in der Monika, Sabine und ihre Eltern wohnen, ist einfach zu klein, um die Oma noch aufzunehmen. Also hatte die Oma beschlossen, ins Altersheim zu ziehen. „Das ist doch gar kein Problem", hatte Oma gesagt, „mach' dir keine Sorgen um mich." Aber Frau Schuster macht sich Sorgen. Weil sie auch den ganzen Tag arbeiten muß, war wenig Zeit, die Oma zu besuchen. Herr Schuster, der Papa von Monika und Sabine hatte sie getröstet, daß es doch für alle so besser sei, aber Frau Schuster hat doch ein schlechtes Gewissen. Und jetzt ist auch noch Weihnachten – das Fest der Familie. Die Mutter hat der Oma den Besuch der ganzen Familie für den ersten Weihnachtstag angekündigt, aber den Heilig

Abend wollten sie mit den Kindern zu Hause feiern. Damit die Oma aber nicht ohne Gruß von ihnen wäre, haben sie alle zusammen Plätzchen gebacken.

Jetzt am Nachmittag des Heiligen Abends sollen Monika und Sabine die Plätzchen der Oma ins Altersheim bringen. Die Mutter macht gerade die Päckchen mit den Plätzchen fertig und bindet noch eine extra schöne Schleife drum herum. Monika und Sabine sind gar nicht begeistert. Sie trödeln herum, finden nicht den rechten Schuh zum linken und ziehen lange Gesichter.

„Na, ihr habt wohl nicht viel Lust, zur Oma zu gehen?" fragt die Mutter.

„Ach Mama, muß denn das jetzt sein, wir sehen sie doch sowieso morgen noch!" meint Monika. Ihre kleinere Schwester Sabine fügt hinzu: „Jetzt so kurz, bevor das Christkind kommt, sollen wir noch mal weggehen? Vielleicht verpassen wir ja dann das Christkind?"

Da muß die Mutter lachen. „Das Christkind wartet bestimmt auf euch. Ich sag ihm, daß ihr gleich wieder da seid, wenn es kommt, einverstanden?"

Zweifelnd guckt Sabine ihre Mutter an, aber die läßt nicht locker.

„Jetzt zieht bitte noch eure Wintermäntel an und dann geht ihr los!"

Schließlich machen sich die beiden auf den Weg zum Altersheim. Es liegt nicht weit von der Wohnung der Eltern entfernt und sie können zu Fuß hingehen.

Als sie so den Weg zum Altersheim entlang schlendern, unterhalten sie sich. „Ich bin ja gespannt, was ich bekomme", sagt Monika. „Auf meinem Wunschzettel habe ich ja alles genau aufgeschrieben, aber ob das Christkind auch alles gelesen hat?" „Da bin ich auch neugierig", sagt Sabine. „Hoffentlich bekommen wir nicht wieder das Gleiche!"

Damit es keinen Streit zwischen ihnen gibt, hatten sie im letzten Jahr beide das Gleiche bekommen. Aber dieses Jahr sind sie alt genug, um zu sehen, daß, wenn sie alles teilen, sie doppelt so viel haben. „Hoffentlich gibt es bald genug Schnee, daß wir mit dem Papa zum Rodeln gehen können", meint Monika noch und Sabine nickt.

Dann sind sie auch schon am Altersheim angekommen.

Während sie den langen Gang entlangwandern, gucken sie auf die großen Zahlen, die an den Türen befestigt sind. Das sind die Zimmernummern.

„Oma wohnt in Zimmer Nr. 286, hat Mama gesagt", erinnert sich Monika. Gemeinsam suchen sie nach der richtigen Tür.

„Da! Nummer 286", liest Sabine. „Hier müßte es sein."

Unschlüssig stehen sie vor der Tür und gerade, als sie anklopfen wollen, hören sie seltsame Geräusche von drinnen. Sabine guckt Monika an, Monika guckt Sabine an. Beide machen ein verwirrtes Gesicht, denn was sie hören, ist lautes Lachen und Gespräche.

Zaghaft öffnen sie die Tür. Ob das auch das richtige Zimmer ist? Drinnen sehen sie die Oma mitten unter anderen alten Leuten. Sie unterhalten sich lebhaft und lachen miteinander. „Kommt nur rein", sagt die Oma und stellt den anderen stolz ihre Enkelkinder vor.

GESCHICHTE

„Das sind meine Enkeltöchter Monika und Sabine", sagt sie.
„Und das ist der Herr Reinhold", stellt sie weiter vor, „und das die Frau Anneliese."
Monika und Sabine geben den beiden die Hand und bleiben etwas schüchtern stehen. Damit haben sie nicht gerechnet, daß die Oma Besuch hat.
Aber schon haben sie die beiden auf das Sofa gezogen, während die Oma Kakao kocht.
Auf dem Tisch sind lauter Fotoalben ausgebreitet, in denen viele alte Fotos zu sehen sind. Da kommt die Oma mit dem Kakao. Als Monika und Sabine ihre Tassen nehmen und vom Kakao trinken, stellen sie fest: „Der schmeckt aber komisch!"
Die Oma lächelt geheimnisvoll und sagt: „Das ist ein Weihnachts-Spezialrezept, ich habe Zimt mit hineingetan."
Sabine trinkt noch einmal und sagt: „Hm, der schmeckt aber gut. Das sollte Mama auch mal machen."
Frau Anneliese guckt neugierig: „Kakao mit Zimt, wie kommen Sie denn darauf?"
Da beginnt die Oma zu erzählen: „Als ich noch ein junges Mädchen war, lebte ich mit meinen Eltern in einem fernen Land. Dort kochte man alles mit fremden Gewürzen und manchmal schmeckte das Essen wirklich seltsam. Damals hatten wir auch eine Köchin. Die hatte Mitleid mit mir, weil ich vieles nicht mochte, was es zu Essen gab und wenn ich mal wieder nicht aufgegessen hatte, weil es gar zu schlimm war, machte sie mir in der Küche einen Kakao und tat etwas Zimt hinein. Das schmeckte mir immer."
Dann zeigt sie Monika und Sabine die Bilder von damals. Staunend

betrachten die beiden die Fotos, auf der sie die Oma als junges Mädchen in einem großen Haus sehen.
„Das wußten wir ja gar nicht", meint Monika und nimmt sich eins von ihren Lieblingsplätzchen vom Teller.
Sabine meint: „Das ist aber spannend, kannst du uns noch mehr davon erzählen?"
„Sicher Kinder, aber jetzt wollen wir erst einmal die Kerzen anzünden. Schließlich wollen wir doch ein wenig Weihnachten feiern."
„Ach ja, die Kerzen", sagt der alte Herr Reinhold und zeigt auf ein altes Foto in einem anderen Album, das er mitgebracht hat.

Neugierig gucken Monika und Sabine hinein. „Damals haben wir Weihnachten noch in Brasilien gefeiert", erzählt Herr Reinhold. „Und in Brasilien fällt das Weihnachtsfest mitten in den Sommer. Wenn wir nachmittags die Kerzen aufgesteckt hatten, dann waren manche von ihnen abends schon so weich von der Hitze, daß sie ganz verbogen in den Haltern standen. Dann konnten wir sie gar nicht mehr anzünden..." Herr Reinhold war nämlich in einer deutschen Kolonie in Brasilien geboren und hatte seine Jugend dort verbracht, bevor er hierher kam. Sabine lacht: „Dann hättet ihr ja eine Palme nehmen können, statt einer Tanne!" „Ja", lacht Herr Reinhold, „das haben wir Kinder damals auch vorgeschlagen." Monika kann sich gar nicht vorstellen, mitten im Sommer Weihnachten zu feiern. „Weihnachten ist doch erst richtig Weihnachten, wenn ganz viel Schnee liegt", sagt sie.

Da fällt auch der Frau Anneliese mit dem schönen Kleid noch eine Geschichte ein. „Wißt ihr", sagt sie, „als ich noch jung war, da gab es einmal ein Weihnachten mit ganz viel Schnee. Er lag so hoch, daß wir kaum hindurchkamen. Damals trugen wir ja noch lange Röcke und die mußten wir immer hochheben, damit sie nicht naßwurden."

„Ach ja, die langen Röcke", erinnert sich die Oma und lacht.
„Dann waren Sie also nicht wie Oma und Herr Reinhold an Weihnachten in einem anderen Land?" fragt Sabine neugierig.
„Nein, nein", schüttelt Frau Anneliese den Kopf, „ich war immer hier. Damals war ich Näherin. Ich hatte eine Nähmaschine von meiner Mutter bekommen und damit zog ich von Haus zu Haus. Wenn ich zu einem Hof kam, an dem es etwas zu nähen gab, dann blieb ich dort eine Zeitlang und machte alle Näharbeiten."
„Was haben Sie denn da genäht?" fragt Monika. „Ach wißt ihr, damals konnte man die Kleider noch nicht so kaufen, wie heute, da hat man vieles selbstgenäht, so wie dieses Kleid hier, das ich anhabe. Und wenn die Kinder aus ihren Sachen rausgewachsen waren, dann haben wir sie eben geändert. Nach einiger Zeit, wenn alles fertig war, zog ich weiter zum nächsten Hof."
„Das ist praktisch", sagt Monika, „da haben Sie ja gar kein Zimmer gebraucht."
„Nein", lacht Frau Anneliese, „ich war überall zu Hause."
Auf einmal klingelt das Telefon. Es ist die Mutter, die besorgt nach Monika und Sabine fragt. Inzwischen ist es schon Abend geworden und Sabine und Monika haben gar nicht gemerkt, wie schnell die Zeit vergangen ist.
„Dann beeilt euch jetzt mal, damit ihr das Christkind noch seht", sagt die Oma.
„Dürfen wir denn jetzt öfter kommen?" fragt Monika. „Ich möchte noch mehr Geschichten hören!" fügt Sabine hinzu. „Natürlich!" sagt die Oma und auch Herr Reinhold und Frau Anneliese nicken freundlich zum Abschied.

Weihnachtliche Kakaovariationen

Ob Kakao, Schokolade oder Hoppel-Poppel: bei diesen Rezepten nach Großmutters Art findet sich für jeden Geschmack etwas.

ZUTATEN

Grundrezept für 1 l Milch:

1 l Milch
2-3 gestrichene EL Kakao
etwa 2 EL Zucker

Variationen:

1/4 TL Zimt oder
1 Päck. Vanillezucker oder
2 EL Kirschsirup

Kakao

Die Milch in einem Topf zum Kochen bringen. Den Kakao mit dem Zucker trocken in einer Tasse mischen und mit wenig kalter Milch oder kaltem Wasser glatt rühren. Mit einem Schneebesen in die kochende Milch einschlagen, kurz aufkochen lassen und abschmecken.

Variationen

1. *Zusammen mit dem Kakao kann man auch einen Viertel Teelöffel Zimtpulver verrühren.*

2. *Statt dem Zucker kann echter Vanillezucker verwendet werden, um dem Kakao einen leichten Vanillegeschmack zu verleihen.*

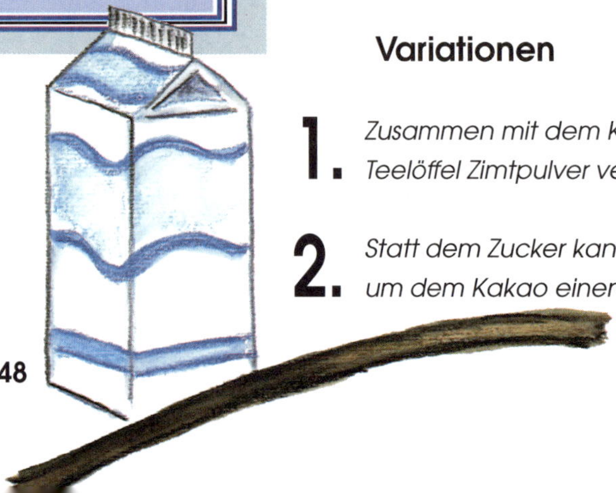

(Vanillezucker ist Zucker mit echter Bourbonvanille. Es gibt ihn fertig zu kaufen. Aber nicht verwechseln mit dem verbreiteten Vanillinzucker!)

3. *Dem fertigen Kakao können auch 1-2 EL Kirschsirup beigefügt werden – dann sollte man jedoch mit dem Zucker sparen!*

Schokolade

ZUTATEN

80-100 g Schokolade
oder Schokoladenpulver
oder Schokoladensirup
1 l Milch
Zucker nach Geschmack
evtl. 1/8 l Schlagrahm

Schokolade in kleine Stückchen brechen und mit wenig Milch oder Wasser in einen Topf geben. Bei schwacher Hitze schmelzen lassen, dann glatt rühren und die Milch zugeben. Mit einem Schneebesen weiterrühren und dabei aufkochen lassen, mit Zucker abschmecken.
Schokoladenpulver oder -sirup können mit dem Schneebesen gleich in heiße Milch eingerührt werden. Danach aufkochen und abschmecken.
Zum Schluß die Schokolade in Tassen füllen und eventuell auf jede Tasse einen Eßlöffel (geschlagenen) Schlagrahm geben.

Hoppel-Poppel (heiße Eiermilch)

ZUTATEN

1 Vanillestange
4 Eigelb
4 EL Zucker oder Honig
1 l Milch

Die Vanillestange mit einer Messerspitze aufschneiden und mit dem Messerrücken flachklopfen. Das Eigelb mit dem Zucker oder dem Honig und der Vanillestange schaumig schlagen. Dann heiße Milch zugeben und bei mäßiger Hitze mit dem Schneebesen so lange rühren, bis die Masse sehr heiß und schaumig ist.

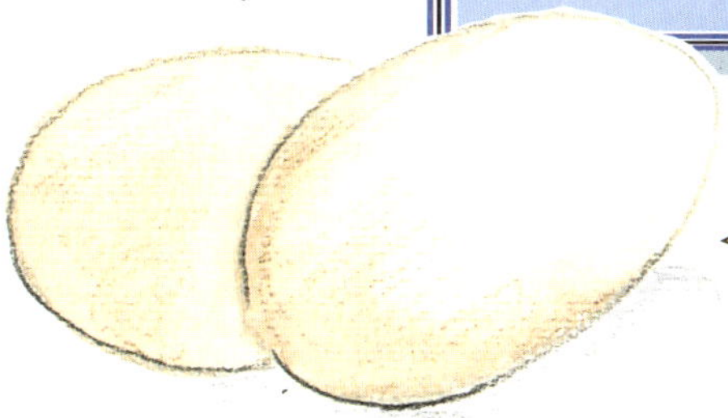

Omas Fotoalbum

Dieses Fotoalbum aus Omas Zeiten eignet sich – gefüllt mit Fotos, selbstgebastelten Kollagen oder Zeichnungen – gut zum Verschenken.

MATERIAL
Zeichenblock DIN A5
Klebstoff, Locher
alte Zeitschriften
evtl. Buntpapier
farbige Kordel
Für den Umschlag:
evtl. Stoffreste, Filz,
Geschenkpapier
Goldfolie
2 Pappstücke
(15,5 x 22 cm)

1. *Für die Verzierung des Umschlags werden entweder passende Stoffreste, Filz oder ein schönes Geschenkpapier verwendet. Man legt die Pappstücke auf den Stoff und schneidet ihn rundherum mit einer Zugabe von etwa 3 cm aus. Jede Pappe wird mit Klebstoff eingestrichen und das Stoffstück so darauf festgedrückt, daß die Zugabe rundherum übersteht.*

2. *Ist der Klebstoff getrocknet, dreht man die Umschlagteile herum, so daß die Seite mit dem Stoff unten liegt. Jetzt werden die überstehenden Ränder wie bei einem Betttuch nach innen geklappt und festgeklebt. Am besten legt man die Pappen zum Trocknen erst zwischen Zeitungspapier und danach unter ein dickes Buch. Das gilt vor allem dann, wenn der*

Stoff etwas dicker ist oder Filz verwendet wird.

3. *Zum Verzieren kann man auch noch Sterne aus der Goldfolie ausschneiden und auf den Stoff kleben.*
Besonders kunstvoll sieht es aus, wenn nach dem Trocknen jeweils auf die nach innen geklebten Stoffränder ein weißes Blatt aus dem Zeichenblock geklebt wird, so daß die umgeklappten Stoffränder darunter verschwinden.

4. *Nun geht es an die Innenseiten. Hierfür können die Kinder aus den Zeitschriften ihre Lieblingsmotive heraussuchen und ausschneiden. Sie können ihrer Phantasie freien Lauf lassen und die einzelnen Blätter jeweils auf der Vorderseite bekleben.*

5. *Vielleicht gibt es auch noch ein paar Familienfotos, z.B. vom letzten Urlaub oder einem gemeinsamen Fest? Auch aus diesen lassen sich herrliche Kunstwerke machen, wenn man sie noch mit Zeitungsausschnitten oder Figuren, die man aus dem Buntpapier ausschneidet, verziert. Wie wohl Tante Klara mit einem neuen Hut aussieht? Der eigenen Kreativität sind hier keine Grenzen gesetzt.*

6. *Zum Schluß wird jede Seite, auch die beiden Umschlagpappen, mit dem Locher gelocht. Dann legt man alle Seiten zwischen die Umschlagpappen und zieht von unten die farbige Kordel durch die Löcher. Die beiden Enden werden oben mit einer Schleife festgeknotet.*

So wird das weiße Papier von innen auf die Umschlagpappe geklebt.

Omas Knusperkekse

Aus Omas Rezepte-Schatztruhe stammen diese Plätzchen, die bestimmt nicht nur den Kindern schmecken.

ZUTATEN

175 g Sirup, 25 g Zucker
75 g Margarine
250 g Weizenmehl
1 gestr. TL Backpulver
1 gestr. TL Zimt, je 1 Msp. Nelken, Muskatblüten und Kardamom, 50 g Zitronat
Mehl für die Arbeitsfläche
Backpapier, Ausstechformen

Sirup-Knusperle

1. *Den Sirup zusammen mit dem Zucker und der Margarine in einem Topf langsam erwärmen, bis alles zu einer weichen Masse zergangen ist.*

2. *Die Masse in eine Rührschüssel geben und abkühlen lassen. Das Zitronat sehr fein hacken. In die fast erkaltete Masse gibt man nach und nach die Gewürze, das Zitronat und zu Zweidrittel das mit dem Backpulver vermischte Mehl. Dabei immer wieder umrühren. Den Teig schließlich auf die bemehlte Arbeitsfläche geben und das restliche Mehlgemisch unterkneten.*

3. *Danach in kleine Portionen aufteilen und diese nacheinander sehr dünn auf der bemehlten Arbeitsfläche ausrollen und verschiedene Formen ausstechen.*

4. *Die ausgestochenen Teigstücke auf ein mit Backpapier ausgelegtes Backblech legen. Die Knusperkekse im vorgeheizten Backofen bei 180 Grad 5-7 Minuten goldgelb backen.*

Knusperherzen

1. *Das Mehl mit dem Backpulver auf die Arbeitsfläche geben. In der Mitte des Mehls eine Mulde drücken und den Zucker zusammen mit dem Vanillinzucker hineingeben. Die Margarine wird in kleinen Stücken auf dem Mehl verteilt. Das Wasser auf den Zucker geben und alles zu einem Knetteig verarbeiten. Danach den Teig etwa 30 Minuten in den Kühlschrank stellen.*

2. *Den Teig in kleine Portionen aufteilen und dünn ausrollen. Mit einer Herzform Herzen ausstechen. In die Hälfte der Herzen mit der kleineren Form ein weiteres Herz ausstechen. Alle Herzen auf ein mit Backpapier belegtes Backblech legen. Das Eigelb mit der Milch verrühren und die Ränder der in der Mitte ausgestochenen Herzen mit dieser Mischung bestreichen und mit Hagelzucker bestreuen. Im vorgeheizten Backofen bei 180 Grad 8 bis 10 Min. backen. Danach die Plätzchen erkalten lassen.*

3. *Das Johannisbeergelee in einem kleinen Topf unter Rühren etwas einkochen lassen. Die in der Mitte nicht ausgestochenen Herzen auf der Unterseite damit bestreichen, mit den in der Mitte ausgestochenen Herzen belegen. Das kleine Herz in der Mitte mit Gelee füllen.*

ZUTATEN

250g Weizenmehl
1 Msp. Backpulver
75 g Zucker
1 Päck. Vanillin-Zucker
150 g Margarine
2 EL Wasser
Zum Bestreichen:
1 Eigelb, 1 EL Milch,
Hagelzucker
Füllung:
8 EL rotes Johannisbeergelee
Mehl für die Arbeitsfläche
Backpapier, 2 verschieden große Herzformen

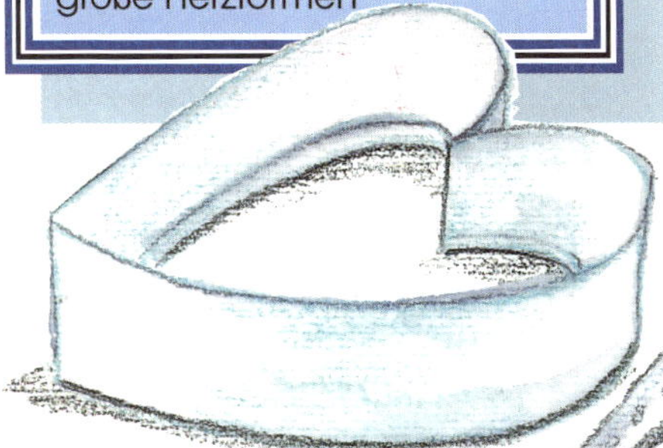

Selbst mit einfachen Mustern sehen diese goldenen Sterne einfach zauberhaft aus.

MATERIAL

Goldfolie, rote oder blaue Glanzfolie,
Silberfolie
Bastelmesser oder scharfes Küchenmesser
Nagel und Hammer
festes Garn, Nadel
Klebstoff
Goldkordel zum Aufhängen

Festliche Goldsterne

Wenn diese festlichen Sterne erst einmal das weihnachtliche Fenster schmücken, ist es nicht mehr weit bis zum Heiligen Abend. Bis dahin verbreiten sie ihr goldenes Licht auch in dunklen Winternächten.

1. *Für einen Stern mit 29 cm Durchmesser benötigt man einen Streifen Goldfolie, der etwa 90 cm lang und 14-15 cm breit ist. Für Sterne von etwa 20 cm Durchmesser benötigt man einen etwa 80 cm langen Streifen, der ca. 9-10 cm breit ist. Für große Sterne braucht man also längere Streifen, für kleinere Sterne kürzere.*

2. *Die Folienstreifen werden nun zu einer Ziehharmonika gefaltet. Jede Falte sollte etwa 1-2 cm breit sein. Dabei ist es wichtig, darauf zu achten, daß die Faltenkanten möglichst direkt aufeinander liegen. Langsames und gleichmäßiges Arbeiten ist dafür zu empfehlen.*

3. *Ist der gesamte Streifen gefaltet, hält man ihn fest zusammen und macht mit dem scharfen Messer von einer Seite Einschnitte in die Faltkanten. Das können Dreiecke oder Vierecke sein, wer ganz geschickt ist, kann auch einmal einen Halbkreis versuchen. Achtung: nicht ganz durch den Streifen schneiden, sondern höchstens bis in eine Tiefe von Zweidrittel des Streifens (siehe Zeichnung rechts). Lediglich an einem Ende kann man eine Ecke schräg abschneiden.*

4. *Der Streifen sollte immer noch zusammengehalten werden, während jetzt mit Hammer und Nagel in das nicht abgeschrägte Ende – etwa 1 cm vom Rand entfernt – ein Loch durch die flache Seite des Streifens getrieben wird. Dazu legt man den Streifen am besten auf ein Holzbrett oder auf einen Stapel alter Zeitungen, um den Tisch nicht zu beschädigen (siehe Zeichnung rechts).*

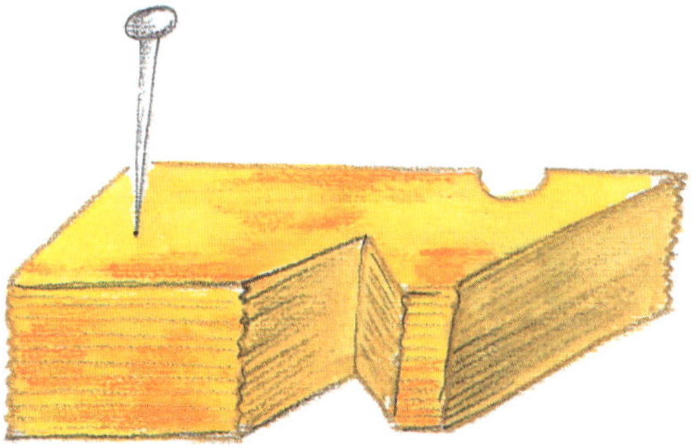

5. *Durch das Loch zieht man mit der Nadel ein etwa 15 cm langes Stück des festen Garns und macht in das eine Ende einen dicken Knoten.*

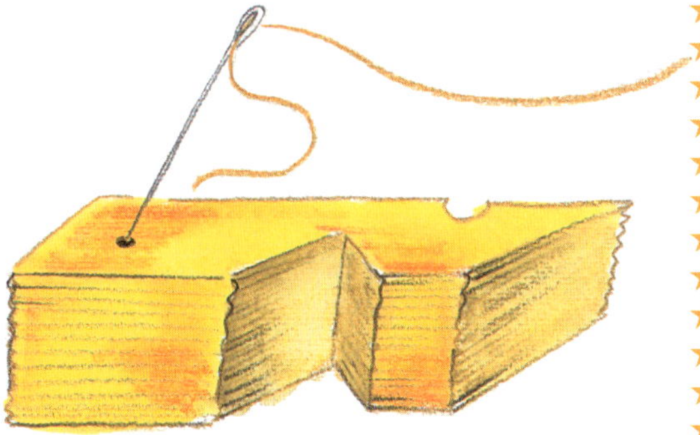

6. *Jetzt kann der Streifen auseinandergezogen und zum Stern geschlossen werden. Die Enden der Folienstreifen werden zusammengeklebt, das Garn fest zusammengezogen und nach dem Festknoten abgeschnitten.*

7. *Nun kann man an einer Stelle die Goldkordel durchziehen und den Stern daran aufhängen.*

SINGEN

O Tannenbaum, o Tannenbaum

2. *O Tannenbaum, o Tannenbaum, du kannst mir sehr gefallen!*
Wie oft hat nicht zur Weihnachtszeit ein Baum von dir mich hocherfreut!
O Tannenbaum, o Tannenbaum, du kannst mir sehr gefallen.

3. *O Tannenbaum, o Tannenbaum, dein Kleid will mich was lehren:*
Die Hoffnung und Beständigkeit gibt Mut und Kraft zu jeder Zeit!
O Tannenbaum, o Tannenbaum, das will dein Kleid mich lehren.

Warum wir an Weihnachten einen Tannenbaum schmücken.

Der Brauch, an Weihnachten einen Tannenbaum in unser Haus zu holen und ihn zu schmücken, ist schon sehr alt.

Weihnachten ist schon ein geheimnisvolles Fest.
Nach unserem christlichen Glauben feiern wir die Geburt von Jesus.
Die Bräuche, wie der Tannenbaum, die roten Äpfel und die Kerzen stammen allerdings noch aus einer Zeit, als wir Weihnachten noch gar nicht gefeiert haben. Und doch passen die Bräuche gut zu unserem christlichen Glauben.
Die Heilige Nacht, die wir am 24. Dezember feiern, liegt im Kalender nämlich nur 3 Tage nach der Wintersonnenwende, also der längsten Nacht des Jahres. In dieser Nacht bleibt es viel länger dunkel als in allen anderen Nächten.
Von da an werden die Tage wieder länger, das Licht wird wiedergeboren.
Schon immer wurden in dieser Zeit große Türme aus Holz aufgeschichtet und angezündet zum Zeichen dafür, daß die dunkelste Zeit des Jahres nun vorbei ist.
Unser Weihnachtsbaum ist wie ein solcher Turm, der mit dem Leuchten seiner Kerzen ein Zeichen dafür ist, daß es auf unserer Welt wieder hell wird.
Das Grün der Zweige ist ein Symbol für die Hoffnung, die roten Äpfel oder Kugeln stehen für das Blut, das Jesus für uns vergossen hat und die Kerzen für das Licht, das für immer in unseren Herzen scheint, seit Jesus in der Heiligen Nacht geboren wurde.

Familie Bär und die Sache mit dem Weihnachtsbaum

In einem Wald, hinter dicken Bäumen gut versteckt, lebt Familie Bär in ihrer Bärenhöhle. Da sind Mama Bär und Papa Bär, Brumml und seine kleine Schwester Tapsi.
Brumml heißt eigentlich Bruno, aber weil er so oft brummig ist, hat ihn sein Vater irgendwann einmal Brumml getauft und seitdem heißt er so. Tapsi liebt ihren großen Bruder sehr und folgt ihm auf Schritt und Tritt, was Brumml gar nicht mag.
Draußen ist es bitterkalt, es ist Winter und der Schnee fällt in dicken Flocken vom Himmel.

GESCHICHTE

Bald ist Weihnachten.
Drinnen in der Bärenhöhle ist es kuschelig warm.
Überall duftet es schon nach Bärenmamas Weihnachtsplätzchen.
Heute backt sie die leckeren Honigkuchen.
Mmmmhh, riecht das gut!
Brumml läuft in die Küche. „Darf ich einen haben, Mama?" fragt er.
„Ach, Brumml, die Honigkuchen sind doch noch ganz hart, die müssen ein bißchen liegen, bis sie so weich sind, daß man sie essen kann", vertröstet ihn die Mutter.
„Hmm", brummt Brumml. „Immer muß ich warten."
Das schöne Päckchen mit der roten Schleife darf er auch noch nicht aufmachen.
Ob da wohl ein Geschenk für ihn drin ist?
Als Brumml am nächsten Morgen aufwacht, weiß er: „Noch dreimal Schlafen, dann ist endlich Weihnachten!"
Das weiß auch sein Vater und beim Frühstücken sagt er zu Brumml: „Weißt du was, du bist ja jetzt schon groß. Wie wäre es, wenn du diesmal in den Wald gehst und uns einen schönen Weihnachtsbaum holst?"
Brumml ist ganz stolz, denn bis jetzt hatte der Vater den Weihnachtsbaum immer selbst geholt.
„Ich will auch mit!" ruft Tapsi. Und die Mutter nickt: „Geh nur mit, du kannst Brumml tragen helfen."

Tapsi ist Feuer und Flamme, nur Brumml ist nicht mehr so begeistert.
Sie ziehen ihre dicken Jacken an und gehen los. Mitten hinein in den verschneiten Winterwald.
Als sie ein Stück gegangen sind, fällt Tapsi auf, daß sie noch nie so weit von zu Hause weg war, die warme Höhle ist schon lange nicht mehr zu sehen.
„Weißt du denn auch, wo unser Weihnachtsbaum steht?" fragt sie Brumml.
Der brummelt: „Ja, ja, geh nur hinter mir her."
„Aber ich hab schon ganz kalte Füße", jammert Tapsi.
Da seufzt Brumml, dreht sich um, nimmt seine Schwester an der Hand und sagt: „Komm wir rennen ein bißchen. Schau, da vorne ist sie schon, die Weihnachtsbaumlichtung!"
Und tatsächlich. Vor ihnen stehen ganz viele Weihnachtsbäume, einer dicht neben dem anderen.
„Ui, sind das viele!" staunt Tapsi. „Welchen nehmen wir denn?"
„Hm, laß mal sehen", meint Brumml ganz fachmännisch und geht langsam durch die Weihnachtsbäume hindurch.
„Guck mal, der ist doch schön!" kräht Tapsi aufgeregt. „Oder der? Der ist noch viel schöner!"

Schließlich hat Brumml den richtigen Baum gefunden, auch Tapsi findet ihn schön.
„Jetzt mußt du zur Seite gehen", sagt Brumml, „jetzt zeig ich dir mal, wie ein richtiger Bär einen Baum ausreißt!"
Tapsi guckt ganz gespannt zu. Brumml geht ganz nah an den Stamm heran, atmet noch einmal tief ein, obwohl die Nadeln ganz schön pieken, dann umarmt er den ganzen Baum. Er lehnt sich ein bißchen nach hinten und wieder ein bißchen nach vorne und wieder ein bißchen nach hinten...

GESCHICHTE

„Klack!"
Was war das?
Verdutzt läßt Brumml den Baum los und schaut noch oben. Nichts zu sehen.
„Warst du das etwa?" fragt er Tapsi. Aber die ist ganz unschuldig.
„Das kam von oben! Ich hab's genau gesehen!" sagt sie. Im Schnee finden sie eine Nuß. Seltsam.
Wieder versucht es Brumml, wieder bekommt er von oben eine Nuß auf den Kopf.
Ärgerlich guckt er den Baum hinauf, und da sieht er auf einmal ein Eichhörnchen, nein zwei, drei – es werden immer mehr.

„Was macht ihr denn mit dem Baum? Man kann ja gar nicht mehr in Ruhe schlafen!" ruft ein Eichhörnchen wütend hinunter.
„Das ist unser Weihnachtsbaum!" ruft Tapsi und Brumml sagt tapfer: „Den reiße ich jetzt aus und nehme ihn mit nach Hause."
„Nix da!" schimpft das Eichhörnchen und auf einmal prallen lauter Nüsse auf die Köpfe von Brumml und Tapsi.
„Das ist unser Baum!"
Erschrocken laufen Brumml und Tapsi nach Hause.
Dort erzählen sie dem Vater die ganze Geschichte.
„Na, das wollen wir doch mal sehen", sagt Papa und geht mit Tapsi und Brumml zur Weihnachtsbaumlichtung.
Diesmal haben sie eine Axt, eine Säge und die Schaufel mitgenommen.
Eigentlich wäre Tapsi lieber zu Hause bei der Mutter geblieben, aber dann wollte sie doch sehen, wie der Papa den Weihnachtsbaum bekommt. Außerdem sind ihre Füße vom vielen Laufen inzwischen ganz warm geworden, und weit findet sie es jetzt eigentlich auch gar nicht mehr.
Als sie an der Lichtung ankommen, ist von den Eichhörnchen weit und breit nichts mehr zu sehen. Papa Bär schaut Brumml an und sagt: „Na, wo sind denn jetzt die Eichhörnchen?"
Brumml guckt sich um und sagt: „Aber eben waren sie noch da..."

Dann geht Papa Bär zu dem Weihnachtsbaum, den Tapsi und Brumml zuvor ausgesucht hatten. Gerade setzt er die Säge an, da geschieht es.
„Klack!"
Papa Bär fährt herum: „Warst du das etwa, Brumml?"
„Nein, Papa", sagt Brumml und zeigt nach oben auf den Baum. Dort tauchen auf einmal immer mehr Eichhörnchen auf, mit Nüssen und Eicheln bewaffnet.
„Wollt ihr wohl unseren Baum in Frieden lassen!"
„So eine Gemeinheit! Jetzt wollen sie ihn auch noch absägen!"
„Macht, das ihr wegkommt!!!"
Und schon werden Papa Bär, Brumml und Tapsi von den wütenden Eichhörnchen mit Nüssen und Eicheln beworfen, so daß sie ganz schnell die Säge fallen lassen.
Papa Bär ist verblüfft.
„Jetzt siehst du es, Papa", sagt Brumml, und Tapsi nickt eifrig. „Da, da sind sie!"
Immer mehr Nüsse hagelt es von oben.
Papa Bär ruft hinauf: „Hört auf, hört auf, wir wollen mit euch reden!"
Da werden die Nüsse langsam weniger.
„Ja? Wollt ihr euch endlich entschuldigen?" fragen die Eichhörnchen.
Aber Papa Bär schüttelt den Kopf. „Nein, wir brauchen den Baum doch für Weihnachten. Könnt ihr denn nicht auf einen anderen Baum umziehen?"

Statt einer Antwort hagelt es wieder Nüsse.

Da kommt Tapsi auf einmal eine Idee. Sie zupft ihren Papa am Ärmel und sagt: „Du Papa, wir könnten den Baum doch ausgraben und in einen Eimer stellen. Und nach Weihnachten pflanzen wir ihn wieder ein."

Papa Bär wiegt den Kopf hin und her. Er denkt nach. Einen Baum ausgraben? Das bedeutet viel Arbeit. Andererseits wären die Eichhörnchen vielleicht damit einverstanden.

„Hm", sagt er und kratzt sich den Kopf. Dann ruft er wieder nach oben: „Wir haben eine Idee: wir könnten ja den Baum ausgraben und ihn nach Weihnachten wieder einpflanzen?"

„Wir sollen euch den Baum also für Weihnachten leihen?"

Papa Bär nickt. Die Eichhörnchen denken nach. Sie reden so lange miteinander, bis Brumml kalte Füße bekommt.

Außerdem ärgert er sich, weil ausgerechnet seine kleine Schwester diese Idee hatte.

„Was ist denn jetzt?" ruft er drängelnd hinauf. Die Eichhörnchen fragen zurück: „Bekommen wir ihn dann auch sicher wieder?"

„Klar!" meint Brumml.

„Und wo sollen wir hin, während ihr mit unserem Baum Weihnachten feiert?"

„Ihr könnt doch einfach mitkommen und mit uns Weihnachten feiern!" schlägt Tapsi vor. Dann guckt sie ihren Papa an, etwas erschrocken über ihren eigenen Mut. „Oder, Papa? Das geht doch?"

Papa Bär runzelt die Stirn, seufzt bedächtig und schließlich nickt er.

„Ui ja!", ruft Tapsi ganz begeistert.

„Also gut" sagen die Eichhörnchen, „aber seid bloß vorsichtig mit dem Ausgraben!"

„Ja, ja", brummt Brumml, froh, daß es nun endlich wieder weitergeht.

Schon kommen die Eichhörnchen den Baum hinuntergeturnt, dann beginnen Brumml und sein Vater, den Baum auszugraben.

Dabei kommen die beiden ganz schön ins Schwitzen. Aber schließlich ist es geschafft und der Baum steht im Kübel.

Gemeinsam machen sie sich auf den Heimweg. Papa Bär trägt den Baum und die Axt, Brumml die Säge und die Schaufel und Tapsi achtet darauf, daß die Eichhörnchen auch hinterherkommen.

Als sie endlich zu Hause sind, staunt Mama Bär über das merkwürdige Gespann. „Wen habt ihr denn da mitgebracht?" fragt sie.

„Das sind die Eichhörnchen, die auf dem Baum wohnen. Jetzt feiern sie mit uns Weihnachten!"

„Aha", sagt Mama Bär und guckt ihren Mann erstaunt an. Aber der sagt lieber gar nichts mehr dazu und zuckt nur mit den Schultern.

Schließlich machen sie sich gemeinsam daran, den Weihnachtsbaum zu schmücken. Das geht dieses Jahr natürlich viel leichter, denn die Eichhörnchen helfen und sind flink dabei, die Äpfel und Schleifen auf den Ästen zu verteilen.

Brumml findet das toll und auch Papa Bär bekommt langsam wieder bessere Laune.

„Vielleicht war das doch gar keine so schlechte Idee, die Eichhörnchen einzuladen", meint er schließlich.

Und als der Weihnachtsbaum fertig geschmückt ist, tanzen sie gemeinsam mit den Eichhörnchen den Weihnachts-Bärentanz. Es war das schönste Weihnachten seit eh und je.

Bärenmamas Honigkuchen

ZUTATEN

200 g Honig, 70 g Butter,
250 g Zucker, 100 g Zitronat,
100 g Orangeat
1 1/2 TL Zimt
1/2 TL gemahlene Nelken
1 Messerspitze Kardamom
ger. Schale von 1/2 Zitrone
(unbehandelt)
150 g geriebene Mandeln
500 g Mehl, 1/2 Backpulver
Für die Glasur:
200-250 g Puderzucker
3 EL Zitronensaft oder 2 EL
Zitronensaft und 1 EL Arrak
Backpapier

Diese Honigkuchen schmecken sicher nicht nur Brumml und Tapsi, sondern auch allen anderen, die auf Weihnachten warten.

1. *Zuerst den Honig in einen kleinen Topf geben und warmstellen. Da er flüssig werden soll, aber nicht kochen darf, eignet sich eine warme Heizung oder die Restwärme einer Kochplatte gut dafür.*

2. *Dann in einer Schüssel die Butter schaumig rühren, den Zucker untermischen und den flüssigen Honig langsam dazugeben.*

3. *Zitronat und Orangeat mit einem Wiegemesser fein hacken und zusammen mit den Gewürzen und den Mandeln gut unter die schaumige Masse rühren.*

4. *Das Mehl durchsieben und mit dem Backpulver vermischen. Nach und nach unter den Teig rühren. Vielleicht muß der Teig zum Schluß auch mit der Hand noch einmal durchgeknetet werden.*

5. Dann den Backofen auf 180 Grad vorheizen. Wenn alle Zutaten gut vermengt sind, den Teig etwa 1/2 cm dick auf einer mit Mehl bestreuten Arbeitsfläche ausrollen und die Teigplatte dann auf ein mit Backpapier belegtes Backblech legen.

6. Das Backblech mit dem Teig in den vorgeheizten Backofen schieben und den Teig darin etwa 15 Minuten backen (auf mittlerer Schiene).

7. Nach dem Backen mit einem scharfen Messer den noch heißen Teig in Rauten oder Quadrate schneiden.

8. Während die Honigkuchen ein wenig abkühlen, stellt man die Glasur her: Dazu den Puderzucker mit dem Zitronensaft (evtl. mit dem Arrak) verrühren, bis eine zähe, glänzende Masse entsteht. Diese nun mit einem Pinsel auf die noch warmen Honigkuchen streichen.

9. Danach die Stücke auf einem Kuchengitter gut trocknen lassen und, wenn sie ganz ausgekühlt sind, in eine Blechdose geben, damit sie weich werden. Das dauert etwa 2 Wochen.

Man kann die Honigkuchen nach dem Glasieren auch noch verzieren, indem man zum Beispiel eine abgezogene Mandel auf die noch weiche Glasur drückt oder eine bunte Schokolinse.
Auch kleine Stückchen von Zitronat, Orangeat oder einer kandierten Kirsche sehen sehr appetitlich aus.

Tip:
Mandelhäutchen lassen sich leicht abziehen, wenn man die Mandeln vorher mit kochendem Wasser überbrüht und danach kalt abschreckt.

Das Warten auf Weihnachten wird gleich noch einmal versüßt, wenn man dann diese leckeren Honigkuchen essen kann.

Soll das Eichhörnchen am Weihnachtsbaum aufgehängt werden, empfiehlt es sich, statt des Nylonfadens einen Baumwollfaden oder eine Goldkordel zu verwenden, da diese nicht so hitzeempfindlich sind.

Das Eichhorn Kuschelpuschel

MATERIAL

weicher Stoffrest
(ca. 30 x 40 cm)
Nadel und Nähfaden,
Zauberwatte (oder alte Nylonstrümpfe)
2 kleine schwarze Knöpfe (glänzend und rund)
evtl. Knopf als Nußersatz
dünner Nylonfaden
braune oder rote Federn
Klebstoff

Ein Eichhörnchen zum Liebhaben,
zum „über's Bett hängen"
oder sogar für den Weihnachtsbaum.

1. *Von der Vorlagenseite 138/139 werden die einzelnen Teile des Eichhörnchens auf den Stoff übertragen und mit etwa 7 mm Nahtzugabe ausgeschnitten.*

2. *Zuerst wird an ein Rumpfteil das Kopfzwischenteil genäht, und zwar von Markierung 1 A bis zu Markierung 1 B. Danach das zweite Rumpfteil genauso am Kopfzwischenteil festnähen.*

3. *Jeweils eine Seite des Bauchteils wird von 2 A nach 2 B an je ein Rumpfteil genäht, sodaß, bis auf die offene Rückennaht, der Körper des Eichhörnchens fertig ist.*

4. Die Rückennaht wird bis auf ca. 4 cm am unteren Ende geschlossen und das ganze Eichhörnchen auf rechts gedreht.

5. Jetzt kann der Rumpf mit Zauberwatte oder alten Nylonstrümpfen fest ausgestopft werden. Danach die Rückennaht schließen.

6. Für die Arme, Beine und Ohren näht man immer die beiden gleichen Stoffteile zusammen (nicht ganz zunähen!!!), dreht sie danach auf rechts, stopft sie ebenfalls aus und schließt dann die Nähte ganz.

7. Jetzt werden Arme, Beine und Ohren an den Rumpf genäht. Dann bekommt das Eichhörnchen Augen. Dazu werden die Knöpfe auf beiden Seiten des Kopfes festgenäht. Den letzten Knopf kann man als „Nüßchen" zwischen die Pfoten nähen. (Alle Knöpfe gut festnähen, damit sie nicht verschluckt werden können!)

8. Danach kommen die Barthaare an die Reihe. Dazu werden von dem Nylonfaden 8 Stücke von je 8 cm Länge abgeschnitten. Diese werden nun an der Nasenspitze durch die Nase gezogen und festgeknotet, sodaß sie auf beiden Seiten etwa 4 cm überstehen.

9. Für den puscheligen Eichhörnchenschwanz werden die Federn mit dem Kiel in den Stoff gesteckt, so daß die Federenden nach hinten bzw. außen zeigen. Dabei muß man vielleicht ein kleines Loch mit einer Schere vorbohren.

10. Jetzt bestreicht man das Kielende der Feder mit ein wenig Klebstoff und schiebt diesen vorsichtig etwa 1 cm tief hinein. Je dichter die Federn stecken, desto puscheliger ist der Schwanz.

11. Zum Aufhängen wird am Kopf mit der Nadel ein ausreichend langes Stück Nylonfaden durchgezogen und durch Verknoten gesichert.

Der Mini-Weihnachtsbaum ist ein kleines buntes Schmuckstück für das Kinderzimmer.

Mini-Weihnachtsbaum

MATERIAL

kleiner Blumentopf (ca. 7 cm Durchmesser)
Blumensteckmasse oder grüne Knetmasse
mehrere kleine Tannenzweige
Blumendraht
rote Plakafarbe und Pinsel oder rote Goldfolie
zum Verzieren: Gummibärchen, kleine Bonbons, rote Schleifen, Sternchen

Ob Brumml wohl so einen kleinen Baum gesucht hat? Wie auch immer – für diesen kleinen Weihnachtsbaum gibt es immer einen schönen Platz.

1. *Wer mag, bemalt den Blumentopf zuerst mit roter Plakafarbe und läßt ihn dann gut trocknen. Möchte man den Blumentopf lieber in Goldfolie packen, sollte man dies erst später machen.*

2. *Die Blumensteckmasse, die man in Blumengeschäften, Bastelläden oder auch im Baumarkt erhält, wird mit einem scharfen Messer kegelförmig zugeschnitten, sodaß sie möglichst genau in den Blumentopf paßt. Sie hat den Vorteil,*

daß man sie auch feucht halten und so die Tannenzweige etwas länger frisch halten kann.
Die Knetmasse wird erst ein wenig weich geknetet und danach in den Blumentopf gedrückt.

Je nach Geschmack können für den Mini-Weihnachtsbaum auch Kiefernzweige verwendet werden.

3. Nun sucht man aus den Tannenzweigen passende Stücke heraus und hält sie – zunächst in der Hand – so zusammen, daß sie wie ein kleiner Weihnachtsbaum aussehen. Jetzt wird das Ganze mit Blumendraht, den man später fast nicht mehr sieht, fixiert.

4. Jetzt wird der fertige Tannenbaum in die Blumensteckmasse bzw. die Knetmasse gesteckt. Eventuell muß man dafür mit einem Löffelstiel ein kleines Loch vorbohren.

5. Wenn der Tannenbaum fest in seinem Topf steht, kann dieser jetzt entweder in Goldfolie eingepackt oder aber, falls er bemalt wurde, mit goldenen Klebesternchen verziert werden .

6. Danach kann man sich an die Verzierung des Bäumchens machen. Dabei sind der eigenen Phantasie keine Grenzen gesetzt. Gummibärchen oder kleine Bonbons, mit rotem Nähgarn an den Baum gehängt, sehen sehr niedlich aus. Aber auch kleine rote Schleifen, etwas Watte oder Styropor als Schnee sehen fast echt aus oder – wer es natürlicher mag – kann auch kleine Nüsse, Nelken oder Anissterne verwenden.

Weihnachtliches Knusperhäuschen

ZUTATEN
10 Eier, 400 g Zucker
900 g Honig
500 g geriebene Haselnüsse
1 TL Salz, 1 Prise Pfeffer
je 2 TL Nelken- und Zimtpulver
2000 g Mehl, 20 g Natron
5 - 6 EL Kakao
Mehl zum Bestäuben
2 Eiweiß, 600 g Puderzucker
1 Spritzer Zitronensaft
Backpapier
Verzierung: nach Wunsch

Dieses honigsüße Kunstwerk ist nicht nur schön anzusehen, es schmeckt auch gut. Dafür lohnt sich die Mühe bestimmt!

1. *Die Eier in einer Rührschüssel sehr schaumig schlagen, und den Zucker dabei nach und nach dazugeben. Wenn der Zucker aufgelöst ist, den Honig zufügen. Die geriebenen Haselnüsse mit Salz, Nelken, Zimt und Pfeffer mischen und zu der Honig-Masse in die Schüssel geben. Das Mehl mit Natron und Kakao vermischen und vorsichtig untermischen. Danach mit der Rührmaschine kräftig durchrühren.*

2. *Jetzt gibt man den Teig auf eine mit Mehl bestäubte Arbeitsfläche und knetet ihn noch einmal gut durch. Dann darf der Teig, in eine große Plastiktüte eingewickelt, im Kühlschrank ruhen, und zwar mindestens 1 Nacht und 1 Tag, besser wären aber mehrere Tage. In dieser Zeit kann man nach den Vorlagen rechts die Schablonen herstellen.*

3. *Vor dem Backen teilt man den Teig in 3 gleich große Stücke. Diese werden noch einmal durchgeknetet und dann auf einem mit Backpapier belegten Backblech etwa fingerdick ausgerollt.*

4. Danach auf mittlerer Schiene bei 200 Grad etwa 15 Minuten backen.

5. Die fertigen Schablonen werden auf den noch heißen Teig gelegt und mit einem sehr scharfen Messer ausgeschnitten.

6. Die ausgekühlten Teile können jetzt zusammengesetzt werden. Dazu rührt man 1 Eiweiß mit der Hälfte des Puderzuckers und etwas Zitronensaft so lange, bis die Masse schaumig und cremeartig ist. Jetzt bestreicht man die Kanten aller Seitenflächen dick mit dem Zuckerguß und stellt sie auf die Bodenfläche. Dabei müssen alle Hände mithelfen, bis die Grundmauern stehen. Dann legt man einen Faden um die Mauern und knotet ihn fest. So können die Wände während des Trocknens nicht umfallen. Nach dem Antrocknen bringt man auf dieselbe Weise das Dach an. Das Häuschen über Nacht durchtrocknen lassen.

7. Jetzt kann mit dem Schmücken und Verzieren begonnen werden. Dazu rührt man den übrigen Zuckerguß wie oben beschrieben an und verziert das Häuschen ganz nach Belieben. Lustige Dachziegel entstehen beispielsweise, wenn man den Zuckerguß in einen Spritzbeutel gibt und kleine Rosetten auf das Dach spritzt. Man kann aber auch Schokolinsen dazu verwenden.

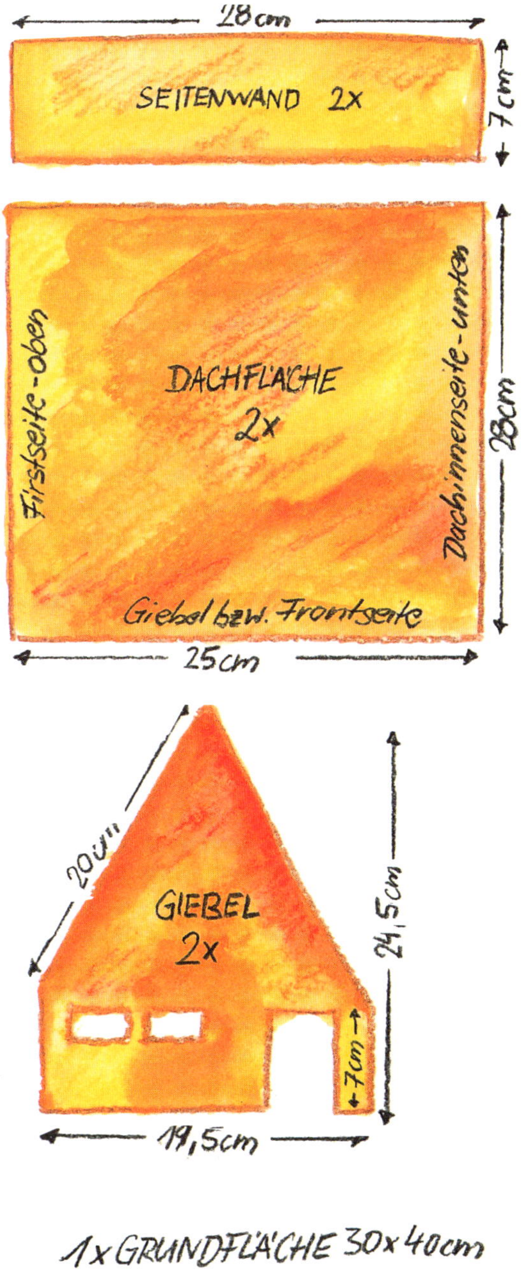

Beim Verzieren können auch die Kinder helfen. Vielleicht stellen sie Gummibärchen als Bewohner in das fertige Häuschen oder bauen aus kleinen Lutschern und Bonbons süße Bäume und Blumen.

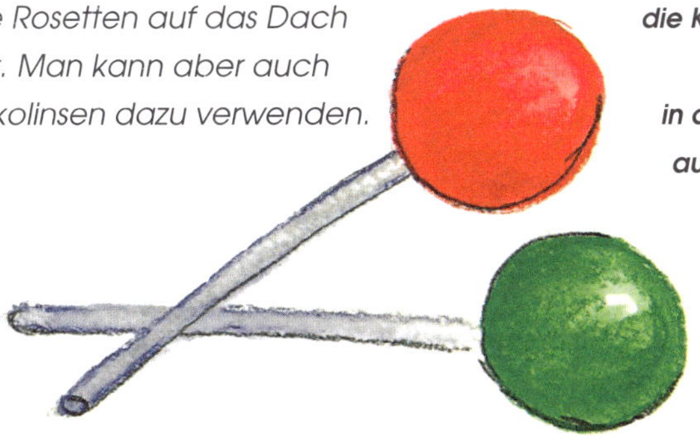

In Folie verpackt und mit Kokosraspeln, kleinen Styroporkugeln, Sternchen, Pailletten oder weißen Praliné-Kugeln dekoriert sind die Schneemänner auch eine hübsche Dekoration für die weihnachtliche Tafel.

ZUTATEN

Für ca. 10-15 Schneemänner
500 g Mehl, 1/4 TL Backpulver
250 g feiner Zucker
1 Päck. Vanillezucker
250 g Butter, 3 Eigelb
1 ganzes Ei
Aprikosenmarmelade
Marzipan oder große Liebesperlen
Puderzucker, Zitronensaft
Kokosraspel
Backpapier

Schneemänner

Diese Schneemänner eignen sich, hübsch in Folie verpackt, auch als kleines Mitbringsel zu Weihnachten.

1. *Alle Zutaten sollten kalt sein. Mehl mit Backpulver mischen und auf eine Arbeitsfläche geben. In der Mitte eine Mulde machen, in die man den Zucker gibt. Die Butter wird in Stücken auf dem Mehl verteilt. Jetzt entweder mit einem großen Messer den Teig hacken oder mit kalten Händen kurz zusammendrücken.*

2. *Wieder eine Mulde machen und die Eier hineingeben. Rasch mit den Händen zu einem Teig zusammenkneten. Der Teig darf nicht zu weich werden. Danach eine Stunde im Kühlschrank ruhen lassen.*

3. Den Teig auf einer bemehlten Arbeitsfläche ca. 5 mm dick ausrollen und mit einem Messer die Schneemänner ausschneiden. Jeweils zwei sollten ungefähr die gleiche Größe haben.

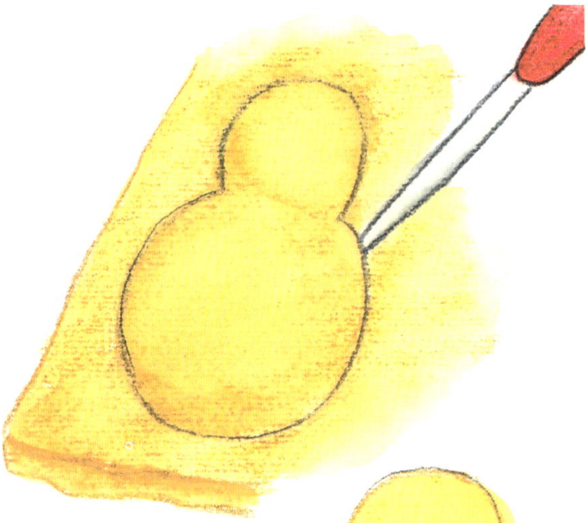

4. Die Schneemänner auf das mit Backpapier belegte Backblech legen und rechts und links einen länglichen Einschnitt machen. Die Teigstreifen etwas auseinanderziehen, so daß der Schneemann noch Arme bekommt.

5. Im vorgeheizten Backofen etwa 10-15 Min. bei 180 Grad hellgelb backen. In der Zwischenzeit die Aprikosenmarmelade mit etwas heißem Wasser glattrühren.

6. Die fertigen Schneemänner auf einem Kuchengitter etwas auskühlen lassen. Dann immer zwei Hälften mit etwas Aprikosenmarmelade zusammenkleben.

7. Die Kokosraspel in einen Suppenteller geben. Jeden Schneemann mit Aprikosenmarmelade bestreichen und rasch in den Kokosraspeln wälzen. Danach auf einem Kuchengitter auskühlen lassen.

8. Den Puderzucker mit einem Spritzer Zitronensaft zu einer zähen Masse verrühren und damit die Liebesperlen als Augen, Nase, Mund und Knöpfe aufkleben. Trocknen lassen.

Anstatt der Liebesperlen kann man auch wenig Marzipan-Rohmasse mit etwas Puderzucker verkneten und in verschiedenen Farben einfärben. Dann kleine Kugeln daraus formen und sie auf die gleiche Weise „aufkleben".

Die dritte Adventswoche

Weihnachten rückt immer näher und damit die Zeit des Wartens nicht so lang wird, gibt es jetzt viele Spiele für drinnen und die Vorbereitungen für den Nachmittag des Heiligen Abends: eine große Weihnachtsrallye für draußen. Außerdem basteln wir noch Geschenke und schöne Verpackungen für das Fest. Eine Weihnachtskrippe, die man ganz einfach selbst machen kann, darf natürlich auch nicht fehlen. Das Material dafür findet man bei einem gemeinsamen Winterspaziergang. Dazu kommen noch Geschichten, bei denen es um Freundschaft geht, und wie wir denen eine Freude machen können, die an Weihnachten krank sind.

Alle Jahre wieder

2. *Kehrt mit seinem Segen ein in jedes Haus,*
geht auf allen Wegen mit uns ein und aus.

3. *Steht auch mir zur Seite still und unerkannt,*
daß es treu mich leite an der lieben Hand.

Ein Christkind aus Schnee...

Wenn der erste Schnee fällt, stehen bald überall die Schneemänner in den Wiesen, aber dieses Christkind ist bestimmt einzigartig.

Für dieses Christkind braucht man:
natürlich jede Menge Pappschnee,
4 größere Tannenzweige, 3-4 Packungen goldenes Lametta, 2 Grillkohlen (vom letzten Sommer übrig) oder Walnüsse, 8-10 rote Cocktailkirschen.

Zunächst wird der Körper aus Schnee hergestellt. Dazu rollt man einen größeren Schneeball so lange im Schnee, bis er einen Durchmesser von etwa 75 cm hat. Dann wird diese Riesenkugel unten am Fuß mit kleineren Schneebällen verbreitert, so daß am Schluß ein nach unten auslaufender Kegel dasteht. Auf diesen kommt der Kopf des Christkinds, der wiederum aus einer gerollten Schneekugel von etwa 25 cm besteht.
Jetzt werden die Tannenzweige in den Körper gesteckt und zwar soll auf jeder Seite einer von beiden nach oben zeigen und einer nach unten. Sie bilden das Gerüst für die Flügel.
Mit vielen goldenen Lamettafäden werden diese Flügel nun vergoldet.
Die Haare des Christkinds bestehen ebenfalls aus goldenen Lamettafäden, die Augen werden aus Grillkohlen oder Walnüssen gebildet, die Nase aus einer roten Cocktailkirsche und der Mund aus einer Reihe Cocktailkirschen.
Übrigens: auf ähnliche Weise lassen sich allerlei Figuren herstellen, z.B. Elefanten, Füchse, Hasen, Igel usw.

Fritzchen und der Weihnachtswunsch

Heute ist Weihnachten. Fritzchen versucht eifrig, seiner Mutter beim Auspacken der geheimnisvollen Schachteln zu helfen, die schon vor ein paar Tagen aus dem Keller geholt wurden und seitdem im Gang stehen.
Manche von ihnen sind ganz alt und verstaubt, und andere sehen so aus, als seien sie gerade erst aus dem Geschäft gekommen.
Aber immer, wenn es ihm gerade gelingt, das Raschelpapier aus der Kiste zu ziehen, um wenigstens einen kleinen Blick hineinzuwerfen, stupst ihn die Mutter beiseite.
„Geh, Fritzchen, nimm die Finger weg", sagt sie streng. „Vor Weihnachten darf man nicht so neugierig sein."
„Ach Mama", bittet Fritzchen, „laß mich doch auch mal gucken..."
„Gucken tut man mit den Augen, Fritzchen, nicht mit den Händen. Und jetzt schlage ich vor, du gehst noch ein bißchen raus zum Spielen, bis ich hier mit allen Vorbereitungen fertig bin."
Fritzchen zieht einen Flunsch. „Ich kann dir doch helfen, Mama", schlägt er vor.
Er hofft, daß sie sich doch noch umstimmen läßt. Denn erstens ist er sicher, daß es in den Wunderkisten viele tolle Sachen zu entdecken gibt, und zweitens hat er gar keine Lust, alleine zum Spielen zu gehen. Denn seit sein Bruder nicht mehr da ist, muß Fritzchen oft alleine spielen. Sein Bruder war in einen anderen Wald gezogen und hatte dort eine eigene Familie gegründet.

Aber die Mutter bleibt dabei. „Schau doch mal, ob du das Christkind draußen findest", schlägt sie vor.
„Das kann man doch gar nicht sehen!" brummelt Fritzchen, als er sich seinen Schal umbindet. Den blauen Schal mit den weißen Streifen mag er sehr, den hat er nämlich letztes Jahr zu Weihnachten bekommen.
Als er die Haustür hinter sich zumacht und in den weißen Winterwald stapft, seufzt er: „Sogar heute muß ich alleine spielen, wo doch Weihnachten ist."
Grummelnd und brummelnd tapst er durch den Schnee. Da sieht er auf einmal zwei Hasen, die miteinander spielen.
„Die haben es gut", denkt er, „die haben sich, und ich bin immer so allein." Einen Moment überlegt er, ob sie ihn wohl mitspielen lassen würden. Aber wahrscheinlich hätten sie nur Angst vor ihm und würden ganz schnell davonrennen. Und zum Jagen hat Fritzchen heute keine Lust.
„Alle haben einen Freund, nur ich nicht", schnieft er traurig vor sich hin.
So tapst er immer weiter durch den Wald, bis er zu seiner Lieblings-Lichtung kommt.
Mit schwerem Herzen läßt er sich auf die alte knorrige Baumwurzel plumpsen und seufzt. Dann stützt er den Kopf auf seine Pfote und denkt nach.
„Immer bin ich allein...

Ach, wenn ich doch nur einen Freund hätte", denkt er und sieht sich um. Aber außer den tanzenden Schneeflocken ist niemand zu sehen.
Da setzt sich auf einmal eine dieser Flocken ganz frech mitten auf seine Nase.
„Pfuuuhhhhh!!"schnaubt Fritzchen, denn die Schneeflocke kitzelt ihn.

Aber die Schneeflocke fliegt nur in die Luft, schlägt einen Salto und setzt sich dann wieder auf seine Nase.
„Pfuuuuhhhh!!!" macht Fritzchen noch einmal. Als er sich kräftig schüttelt, um die lästige Schneeflocke endlich loszuwerden, hört er eine Stimme: „Hej, nicht so stürmisch! Da wird mir ja ganz schwindlig!"
Vor lauter Schreck fällt Fritzchen rückwärts von seiner Wurzel in den Schnee.
„???"
Erschrocken sieht er sich um. Nichts zu sehen.

GESCHICHTE

Da schwebt von oben auf einmal die große Schneeflocke wieder herab, und in einem Licht erscheint ein kleines Wesen vor ihm.

„Wer bist du denn?" fragt Fritzchen erstaunt.

„Ich bin das Christkind!"

„Das Christkind?" fragt Fritzchen. „Ich dachte immer, das Christkind kann man nicht sehen?"

„Heute schon, heute ist doch Weihnachten. Du darfst dir sogar etwas wünschen", sagt das Christkind.

„Hm, einen Wunsch hätte ich schon...ich wünsche mir einen Freund, wenn du das machen kannst?"

Das Christkind nickt feierlich: „Dein Wunsch wird dir erfüllt!" Und mit einem „Fröhliche Weihnachten, Fritzchen" verschwindet es wieder in einer Schneeflocke und ist nicht mehr zu sehen.

Fritzchen wartet gespannt. Nichts passiert. Und bevor er noch ganz eingeschneit ist, steht er auf und brummelt: „Nicht mal auf das Versprechen vom Christkind kann man sich verlassen..."

Einsam und traurig läuft er wieder durch den Wald. Auf einmal trifft ihn ein Schneeball. „Oh, Verzeihung", hört er eine Stimme. Er dreht sich erstaunt um und sieht einen Dachs, der verzweifelt versucht, großen Schneebällen zu entkommen, die auf ihn herunterfallen.

„Oioioioioioioioi", sagt der Dachs, dann trifft Fritzchen schon wieder ein Schneeball.

Fritzchen schüttelt sich den Schnee aus dem Fell und guckt fasziniert zu.

„Sag mal", fragt er nach einer Weile, „was machst du da eigentlich?"

„Ich spihiihiihiieeeelleeeee......", sagt der Dachs, dann fallen auch schon alle Schneebälle gleichzeitig herunter.

„Hallo, ich bin Dani, der Dachs und du?"

„Fritzchen", sagt Fritzchen, „was spielst du denn?"

„Ich jongliere!" sagt Dani ganz stolz. „Ich werfe viele Bälle hoch und fange sie wieder auf. So kann ich auch alleine Ball spielen."

Fritzchen staunt immer noch. Dann fragt er: „Darf ich das auch mal probieren?"

„Klar!" sagt Dani. „Du mußt zuerst ein paar Schneebälle machen.

Aber sie müssen schön fest sein."

Fritzchen nickt. Er nimmt etwas Schnee und macht drei Schneebälle daraus. Dann wirft er sie in die Luft.

Aber so schnell kann er sie gar nicht fangen, wie sie wieder herunterkommen.

Dani zeigt ihm, wie er es macht: „Also, du nimmst erst einmal zwei Schneebälle und wirfst sie hoch. Dann fängst du jeden wieder auf, aber immer mit der anderen Hand. Schau, so!" Geschickt wirft Dani die Bälle hoch und fängt sie wieder. „Das ist ja ganz einfach", denkt Fritzchen.

Als er eine Weile geübt hat, sagt Dani: „Gut, und jetzt machen wir es mit drei Bällen. Den ersten wirfst du hoch, und dann machst du es genauso wie vorher. Schau!"

Bei Dani sieht es sehr leicht aus, und so macht sich auch Fritzchen daran, es zu versuchen.

„Den ersten wirfst du hoch", wiederholt er und wirft den ersten Schneeball hoch, und dann macht er es genauso wie vorher. Doch schon

liegt der erste Schneeball wieder am Boden. Aber nach einer Weile Üben weiß er, wie es geht. Dani hat schon vier Bälle in der Luft und Fritzchen versucht es auch. Immer mehr und mehr Bälle werden es, und Fritzchen hat schon ganz rote Backen vor Begeisterung. Und weil sie beide nur nach oben gucken, um die Bälle aufzufangen, merken sie gar nicht, daß sie immer näher zusammenkommen.
„Oioioioioioioi", ruft Dani, als er wieder einmal versucht, die Bälle rechtzeitig einzufangen, und Fritzchen ruft: „Aaachtunggg!"
Da stoßen die beiden auch schon zusammen, fallen in den weichen Schnee und werden von den herunterfallenden Schneebällen begraben. Lachend und prustend befreien sie sich aus dem Schnee.
„Und was spielen wir jetzt?" fragt Dani.
„Komm, wir spielen Verstecken!"

schlägt Fritzchen vor. „Du mußt zuerst suchen!" Also versteckt sich Fritzchen hinter einem Baum, während Dani sich die Augen zuhält und bis zehn zählt. Schnell hat er Fritzchen gefunden, denn seine Fußspuren waren im Schnee gut zu sehen. Danach sucht Fritzchen Dani. Der hat sich unter einer Wurzel versteckt, und Fritzchen muß eine ganze Weile suchen, bis er ihn entdeckt hat.

Dann laufen sie gemeinsam ein Stück, und als sie einen Hügel sehen, legt sich Dani auf den Rücken und rutscht mit einem lauten „Hurra!" den Hügel hinunter. „Das kann ich auch!" ruft Fritzchen und hat Dani bald eingeholt. Schnell laufen sie wieder nach oben. Immer neue, lustige Ideen haben sie, wie sie den Hügel noch herunterrutschen können.
Als sie beide japsend und mit roten Backen vom Spielen müde sind, gehen sie nach Hause. Aber natürlich treffen sie sich morgen wieder. Das haben sie sich ganz fest versprochen.
Als Fritzchen endlich nach Hause kommt, hat er schon fast vergessen, daß heute Weihnachten ist. Zuerst gibt es das Weihnachtsessen. Da fragt die Mutter neugierig: „Na, Fritzchen, hast du das Christkind denn gesehen?"
„Ja", sagt Fritzchen „als ich im Wald ganz alleine war, habe ich es gesehen. Es hat gesagt, ich darf mir etwas wünschen, und da habe ich mir einen Freund gewünscht. Ja, und dann habe ich Dani getroffen, und wir haben zusammen gespielt. Er hat mir Jonglieren beigebracht."
„Wer ist denn Dani?" fragt die Mutter erstaunt.
„Dani? Dani ist mein Freund!" sagt Fritzchen ganz stolz.

Christkind

Dieses Christkind verschwindet bestimmt nicht einfach wie bei Fritzchen, wenn man die Augen einmal zumacht. Vielleicht erfüllt es aber auch geheime Wünsche?

MATERIAL
festes weißes Zeichenpapier, Buntstifte, Watte, Klebstoff
Für die Flügel: Zeichenpapier oder Seidenpapier oder Goldfolie oder Pergamentpapier
evtl. Klebesternchen oder Goldglitter
Faden zum Aufhängen

1. *Von der Vorlage auf der rechten Seite überträgt man die Form auf das Zeichenpapier und schneidet die Figur aus. Das Gesicht mit Farbstiften anmalen.*

2. *Aus dem gleichen Papier ein Rechteck von 21 x 15 cm ausschneiden und ziehharmonikaartig auf 1 cm Breite falzen (siehe Seite 54/55).*

3. *Die Figur an den vorgesehenen Stellen etwa 1,3 cm breit einschneiden und den gefalzten Papierstreifen durchziehen.*

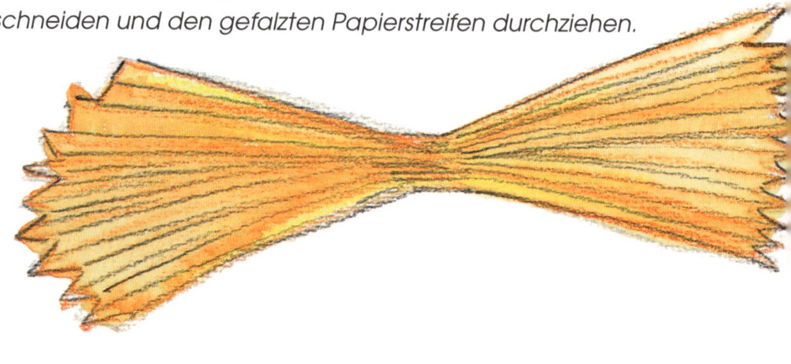

4. *Dann auf beiden Seiten das Papier auseinanderziehen, so daß Flügel entstehen.*

5. *Etwas Watte für die Haare zurechtzupfen – es können auch ein paar hellbraune Wollfäden sein – und mit etwas Klebstoff (auf das Papier geben!) befestigen.*

6. *Jetzt kann das Kleid des Christkinds noch mit Klebesternchen oder mit Goldglitter verziert werden.*

7. *Zum Schluß wird am Kopf noch ein Faden durchgezogen und festgeknotet. So kann das Christkind aufgehängt werden.*

8. *Als Variante kann statt des weißen Papiers für die Flügel auch Seidenpapier, Goldfolie oder Pergamentpapier verwendet werden.*

Am Weihnachtsbaum sehen auch verschiedene Christkinder schön aus, wenn sie in unterschiedlichen Höhen an den Zweigen hängen.

Leise rieselt der Schnee

2. *In dem Herzen ist's warm,*
still schweigt Kummer und Harm,
Sorge des Lebens verhallt:
Freue dich s'Christkind kommt bald!

3. *Bald ist heilige Nacht,*
Chor der Engel erwacht,
hört nur wie lieblich es schallt:
Freue dich s'Christkind kommt bald!

Wenn es Winter wird

Der See hat eine Haut bekommen,
So daß man fast drauf gehen kann,
Und kommt ein großer Fisch geschwommen,
So stößt er mit der Nase an.

Und nimmst du einen Kieselstein
Und wirfst ihn drauf, so macht es klirr
Und titscher – titscher – titscher – dirr ...
Heißa, du lustiger Kieselstein!

Er zwitschert wie ein Vögelein
Und tut grad wie ein Schwälblein fliegen.
Doch endlich bleibt mein Kieselstein
Ganz weit, ganz weit auf dem See draußen liegen.

Da kommen die Fische haufenweis
Und schaun durch das klare Fenster von Eis
Und denken, der Stein wär' etwas zum Essen.
Doch so sehr sie die Nase ans Eis auch pressen,
Das Eis ist zu dick, das Eis ist zu alt,
Sie machen sich nur die Nasen kalt.

Aber bald, aber bald
Werden wir selbst auf eignen Sohlen
Hinausgehen können und den Stein wieder holen.

Christian Morgenstern

In solchen Pralinenmanschetten, die im Haushaltsgeschäft erhältlich sind, sehen die Puderzuckerfondants besonders hübsch aus.

Schneebälle und Puderzucker

Aus Pulverschnee sind diese Leckereien nicht, aber sie schmecken köstlich, nicht nur beim Vorlesen der Geschichte...

ZUTATEN

200 g Nuß-Nougat
1 Päck. Vanille-Zucker
1 TL Orangenblüten- oder Rosenwasser
25 ganze abgezogene oder 50 g gehackte Mandeln
etwas Puderzucker
150 g weiße Kuvertüre
75 g Kokosraspel
Pralinenmanschetten

Schneebälle

1. *Das Nougat wird im Wasserbad (siehe Seite 30) erwärmt, bis es weich und geschmeidig ist.*

2. *Der Vanillezucker und das Orangenblüten- oder Rosenwasser wird unter das Nougat gerührt. Jetzt läßt man die Masse so weit abkühlen, daß sie noch weich, aber nicht mehr heiß ist.*

3. *Die Nougatmasse wird in 25 Stücke aufgeteilt und jedes zu einer Kugel geformt. Dazu die Hände vorher mit Puderzucker einstäuben. In die Mitte jeder Kugel wird eine ganze Mandel gedrückt. Verwendet man gehackte Mandeln, können diese auch unter die Nougatmasse geknetet werden. Danach die Kugeln kalt stellen.*

4. *Die weiße Kuvertüre auflösen und die Kokosraspel in einen Suppenteller geben. Mit einer Gabel taucht man die Kugeln nun einzeln in die Kuvertüre und wälzt sie danach gleich in den Kokosraspeln. In Pralinenmanschetten geben und kühl aufbewahren.*

In einer kleinen tiefen Schüssel lassen sich die Schneebälle am besten ganz eintauchen.

Puderzuckerfondant

1. *Den Puderzucker durch ein feines Sieb geben und etwa 50 g beiseite stellen. Die übrige Menge in eine Schüssel geben und in die Mitte eine Mulde drücken. Erst den Zitronensaft und den Aromasaft hineingeben und unterrühren. Dann das leicht verquirlte Eiweiß dazugeben und ebenfalls unter den Zucker arbeiten.*

2. *Nun die Masse vorsichtig (zuerst nur 1 Tropfen – die Farbe ist sehr intensiv) mit der Speisefarbe einfärben.*

3. *Wenn die Masse glatt und fest ist, auf der mit Puderzucker besiebten Arbeitsfläche verteilen und mit Puderzucker übersieben. Etwa fingerdick ausrollen und mit kleinen Förmchen beliebige Figuren ausstechen. Über Nacht trocknen lassen und in Pralinenmanschetten verpacken.*

ZUTATEN

500 g Puderzucker
2 TL gesiebter Zitronensaft
Aroma nach Wunsch (ein paar Tropfen genügen)
1 Eiweiß
Speisefarben nach Wunsch

Sollen aus derselben Masse unterschiedlich gefärbte Fondants mit anderem Aroma entstehen, muß die Masse von Anfang an geteilt werden.

<u>Vorschläge für Farbe und Geschmack:</u> <u>Grün</u> und Pfefferminzöl. <u>Orange</u> (gelb + rot) mit Orangenblütenöl. <u>Weiß</u> mit Vanilleextrakt. Für <u>Braun</u> wird Kakao mit Puderzucker vermischt und der Zitronensaft durch Wasser ersetzt. Für <u>Rosa</u> den Zitronensaft durch Himbeersirup ersetzen. (<u>Nur natürliche Öle aus der Apotheke verwenden!</u>)

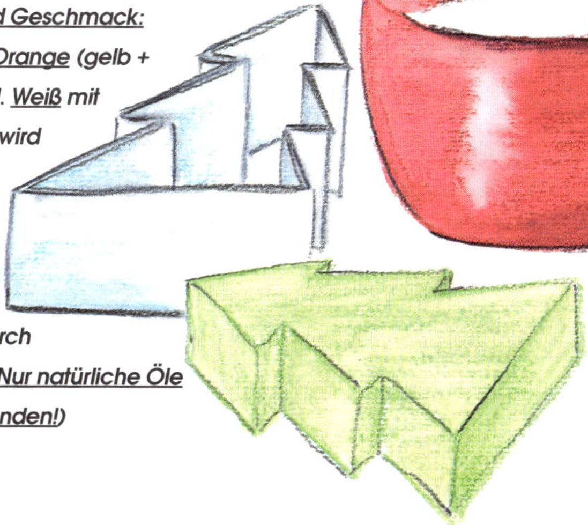

Je mehr Figuren an der großen Wolke hängen, desto stabiler muß sie sein.

Winterwald Wolkenbilder

Sind es Federwolken, die am Himmel ziehen oder ist es ein Fensterbild? Und was kann man alles darin sehen... Rehe, Bären, Elefanten und vielleicht sogar das Christkind?

MATERIAL
Watte, Klebstoff
festes weißes Papier
weißes Seiden- oder Transparentpapier
Nähfaden, -nadel
Filzstifte
evtl. Klebstreifen
Goldglitzerpulver
Haarspray

1. *Zunächst wird eine große Wolke gebastelt. Diese kann man aus mehreren kleinen Wolken zurechtzupfen, die mit wenigen Stichen zusammengenäht werden. Stabiler wird die Wolke jedoch, wenn man ihr ein „Gerüst" aus festem Papier gibt, das man oval ausschneidet und dann mit viel Watte beklebt, so daß am Ende von ihm nichts mehr zu sehen ist.*

2. *Für die Wölkchen wird die Watte zu kleinen Bällchen gezupft. Mit Wattepads werden sie besonders rund. Dann werden sie mit verschieden langen Fäden an die große Wolke gehängt.*

3. Für die Figuren werden aus dem Seidenpapier kleine Knäuel geformt, die an Gesichter erinnern. Augen und Mund können mit den Filzstiften aufgemalt werden.

4. Arme oder Beine werden aus Papierstreifen, die erst ein wenig zusammengedrückt und danach wieder glattgestrichen werden, hergestellt. So kann man auch dem Christkind ein Paar federleichte Flügel geben.

5. Jeder Körper wird aus Watte zurechtgezupft. Dann werden die Papierteile an den Stellen, an denen sie an der Watte befestigt werden, mit Klebstoff eingestrichen und danach auf der Watte festgedrückt. (Nicht umgekehrt, sonst bleibt die Watte am Klebstoff hängen.)

6. Die fertigen Figuren werden mit einem Faden an der Wolke befestigt. Dafür zieht man den Faden mit der Nadel durch den Körper oder den Kopf und knotet ihn an beiden Enden fest.

7. Zum Schluß bekommt das Christkind noch einen goldenen Schimmer. Dafür sprüht man es kurz mit Haarspray ein und streut dann etwas von dem goldenen Glitzerpulver darüber.

Hängt man die große Wolke mit den tanzenden Figuren ans Fenster oder an die Decke, werden die Figuren nachts vielleicht lebendig?

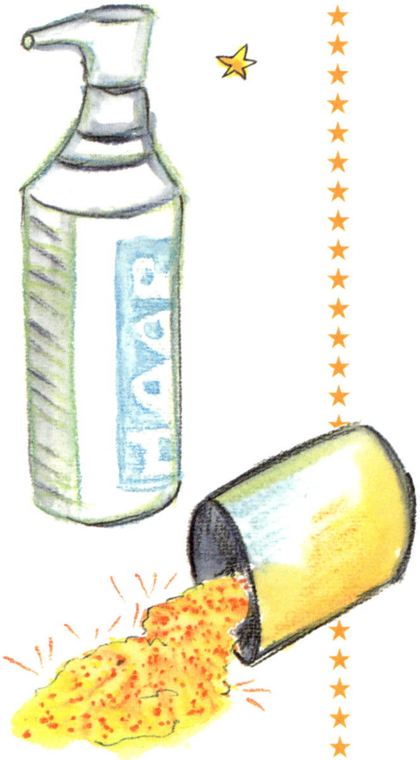

Danis Jonglierbälle

Dani hat Fritzchen das Jonglieren zwar mit Schneebällen beigebracht, aber im Haus eignen sich diese Bälle sicher besser. Sie halten auch länger.

MATERIAL

Für einen Ball:
1 kleiner Butterbrotbeutel aus Plastik
etwas Zauberwatte oder Popcorn
2 Luftballons

Luftballon-Bälle

1. *Die Jonglierbälle für Kinder sollten nicht zu schwer und nicht zu groß sein, damit sie sich auch gut fangen lassen. Für ältere Kinder können diese Bälle auch mit Sand oder Reis gefüllt werden.*

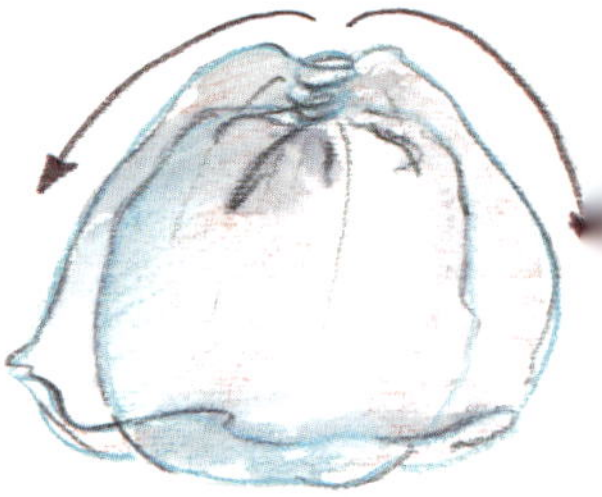

2. *In den Butterbrotbeutel wird die Zauberwatte gestopft, so daß sie sehr fest darin ist. Das Knäuel sollte nicht größer als ein Tennisball sein, eher etwas kleiner. Dann wird der Plastikbeutel zugedreht und über die Wattekugel gestülpt.*

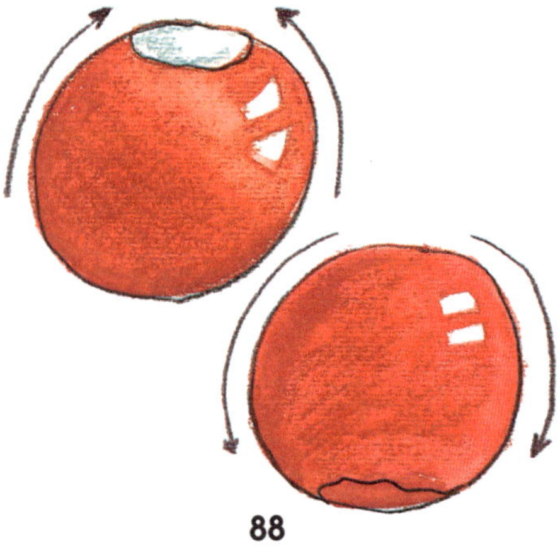

3. *Von den Luftballons werden die Hälse abgeschnitten. Der erste Luftballon wird über den Plastikbeutelball gestülpt, so daß er glatt aufsitzt, danach wird der zweite so darüber gestülpt, daß die Öffnung des ersten verschlossen wird. Fertig!*

Handgenähte Bälle

MATERIAL

Weißer Trikotstoff oder altes weißes T-Shirt
Papier
Nadel und Faden, Stecknadeln
Füllwatte, Sand oder Reis
evtl. Stoffmalfarben

1. *Für die zweite Variante, die etwas aufwendiger ist, benötigt man für einen Ball vier Stoffteile in Form der Vorlagenform unten.*

2. *Das geht am einfachsten, indem man die Vorlage (s.u.) auf ein Papier überträgt, dieses viermal ausschneidet und auf den Stoff legt. Dabei sollte zwischen den Teilen ein Abstand von 2-3 cm eingehalten werden. Die Papiervorlagen werden mit den Stecknadeln auf dem Stoff festgesteckt.*

3. *Jetzt schneidet man den Stoff rund um die Papiervorlagen mit einer Nahtzugabe von ca. 1 cm (beim Schneiden 1 cm Abstand zum Rand der Papiervorlage einhalten) aus.*

4. *Je vier Teile werden mit Nadel und Faden zusammengenäht, so daß eine Kugel entsteht. Beim Nähen sollte man darauf achten, daß die Naht nicht direkt an der Stoffkante liegt, sondern etwa 1 cm darunter, damit sie nicht aufgeht. Oben muß man natürlich eine kleine Öffnung lassen, damit der Ball gefüllt werden kann.*

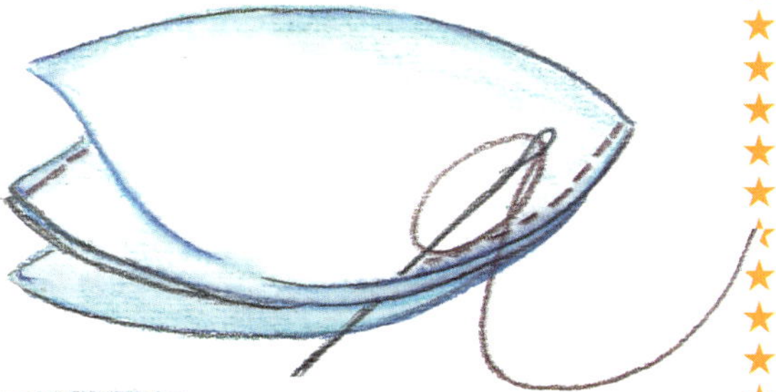

5. *Nach dem Füllen wird der Ball verschlossen. Zum Schluß können die Bälle noch mit Stoffmalfarben verziert oder bemalt werden.*

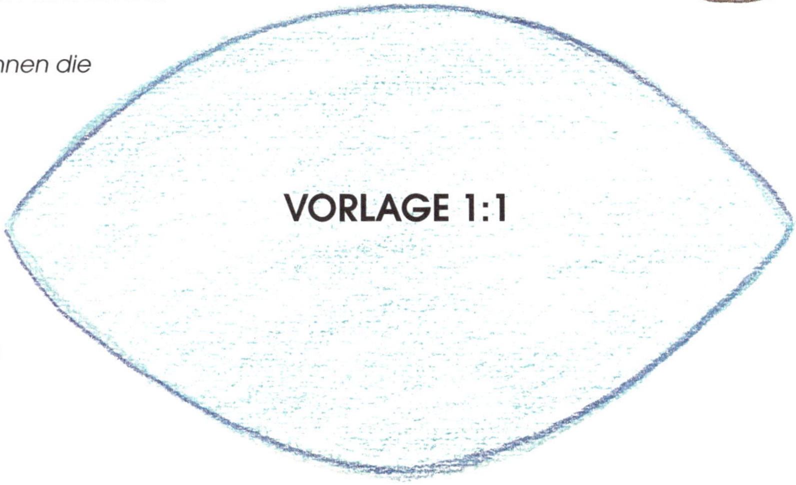

Weihnachten im Krankenhaus

Es ist kurz vor Weihnachten. Karlchen düst wie immer mit seinem Fahrrad um die Ecke, da kippt er auf einmal auf die Seite und das Fahrrad fällt auf den Boden und schlittert noch ein Stück weiter. Und Karlchen? Karlchen liegt neben seinem Fahrrad und bekommt keine Luft mehr. Sein Fuß sieht irgendwie merkwürdig verdreht aus und er schreit: „Mama!".

Weil das alles nicht weit von dem Haus passiert ist, wo Karlchen und seine Mutter wohnen, hört ihn die Mutter bald und kommt schnell herbeigeeilt.
„Mama, der Fuß tut so weh!" schreit Karlchen. „Auuuuuuuuu!"
„Karlchen, was machst du denn für Sachen?" ruft die Mutter entsetzt, als sie sieht, daß Karlchens Fuß so aussieht, als wäre er gebrochen. Schnell holt sie das Auto und fährt mit Karlchen ins Krankenhaus. Dort stellen sie bald fest, daß der Fuß tatsächlich gebrochen ist und Karlchen eine Weile im Krankenhaus bleiben muß.
„Armes Karlchen",sagt die Mutter und streicht ihrem Sohn über den Kopf, als er in seinem Bett liegt und der Fuß in einem dicken weißen Gips ist. „Ausgerechnet so kurz vor Weihnachten mußte das passieren!"
Jetzt wird Karlchen Weihnachten wohl im Krankenhaus bleiben müssen. Sabine, Karlchens Schwester, sitzt am nächsten Tag im Kindergarten und macht ein trauriges Gesicht. Ein Geschenk für Weihnachten sollen sie basteln, aber Sabine muß immer an ihren Bruder denken, und daß sie Weihnachten dieses Jahr wohl ohne ihn feiern müssen. Da kullert eine dicke Träne über ihre Backe. Sie seufzt leise vor sich hin. Weihnachten ohne Karlchen stellt sie sich einfach schrecklich vor.
Die Kindergärtnerin macht sich langsam Sorgen. Die ganze Zeit sieht sie Sabine schon traurig auf ihrem Stühlchen sitzen. Und jetzt laufen ihr auch noch Tränen über die Backen. „Sag mal, was hast du denn heute?" fragt die Kindergärtnerin. „Warum bist du denn so traurig?"

„Weil...weil...“, schnieft Sabine, „mein Bruder, der ist nämlich gestern mit dem Fahrrad gefahren und dann ist er hingefallen, weil es glatt war und jetzt ist er im Krankenhaus.“

„Oje, ist ihm denn etwas Schlimmes passiert?“ fragt die Kindergärtnerin erschrocken. Sie kennt Karlchen, denn als er noch kleiner war, war er auch im Kindergarten, wie Sabine jetzt.

„Den Fuß gebrochen hat er und jetzt hat er einen Gips“, erzählt Sabine. „Aber das ist nicht so schlimm. Aber jetzt ist er an Weihnachten nicht da und ich bin Weihnachten ganz allein...“

Wieder kullern Sabine die Tränen über die Backen.

„Kannst du denn deinen Bruder an Weihnachten nicht besuchen?“ fragt die Kindergärtnerin.

„Hm, ich weiß nicht“, schnieft Sabine. Dann nimmt sie ihr Taschentuch und trocknet sich die Tränen von der Backe. „Ich weiß nicht, ob das geht.“

„Weißt du was“, sagt die Kindergärtnerin, „wenn deine Eltern heute nachmittag kommen, fragen wir sie einfach, ja?“

„Ja!“ sagt Sabine und ein kleines Lächeln huscht schon wieder über ihr Gesicht.

„Und bis dahin bastelst du ein schönes Weihnachtsgeschenk für Karlchen, einverstanden?“

Sabine nickt, und fängt gleich an.

Am Nachmittag, als die Eltern kommen, um die Kinder vom Kindergarten abzuholen, spricht die Kindergärtnerin mit Sabines Mutter.

„Ich habe gehört, Karlchen liegt im Krankenhaus und muß auch Weihnachten dort bleiben? Ginge es nicht, daß Sabine ihren Bruder dort besucht?“

Als die anderen Kinder das hören, rufen sie: „Ui, ja wir wollen auch mit!“

Sabines Mutter lacht und dann sagt sie: „Sicher geht das.“ Auch die Eltern der anderen Kinder sagen ja.

Am nächsten Tag sind alle Feuer und Flamme. Jeder will ein Geschenk für das arme Karlchen basteln.

Sabine bastelt an einem Körbchen für die

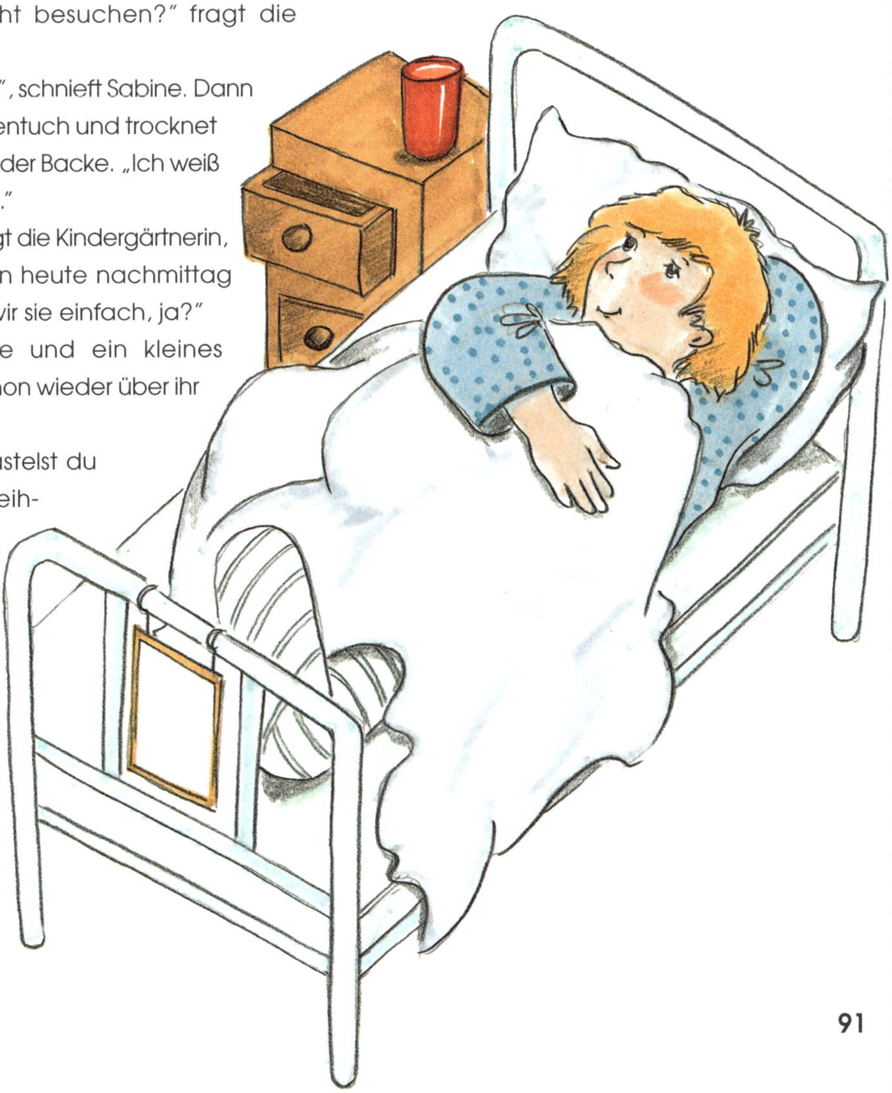

Weihnachtsplätzchen, die sie ihm mitbringen will.
Florian baut ein Schiff für Karlchen. „Das kann auf der Bettdecke fahren“, sagt er.
Sebastian hat sich etwas Besonderes ausgedacht. Er bastelt mit der Kindergärtnerin zusammen einen Stern. „Den kann Karlchen ans Fenster hängen. Dann scheint das goldene Licht ins Zimmer und Karlchen kann gar nicht mehr traurig sein.“
Christine bastelt aus Servietten eine duftende Blume. „Da tun wir dann noch ein paar Tropfen von Frau Maurers“, so heißt nämlich Karlchens Mutter, „Parfum drauf und dann fühlt sich Karlchen gar nicht mehr allein“, erzählt sie stolz.

Wolfgang bastelt eine Weihnachtskarte für die guten Wünsche und Simone bemalt eine Tasse für Karlchens Lieblingskakao mit bunten Farben.

Birgit darf alles einpacken und große Schleifen um die Päckchen binden. Als alle Geschenke schön verpackt sind, machen sie sich alle gemeinsam auf den Weg zu Karlchen ins Krankenhaus. Sabine, Christine und Sebastian fahren bei Karlchens Mutter im Auto mit, Wolfgang, Simone, Birgit und Florian bei Wolfgangs Mutter.
„Psst, ganz leise, die Kranken brauchen Ruhe“, werden die Kinder ermahnt, als sie im Krankenhaus angekommen sind. Leise schleichen sie den Gang entlang, bis sie zu Karlchens Zimmer kommen.
Sabine klopft leise an die Tür. Florian und Sebastian wollen schon anfangen zu kichern, aber die Mutter flüstert: „Psst!“
Karlchen denkt, es ist sicher wieder nur die Krankenschwester, die Fieber messen oder das Kopfkissen aufschütteln will.
Doch da geht die Tür auf und herein kommt seine Schwester Sabine.
„Das ist aber eine Überraschung!“ ruft er und freut sich.
Sabine hat sogar ein Geschenk dabei. Das kann Karlchen schon von seinem Bett aus sehen. Aber wer ist denn das? Da kommt ja noch jemand?
„Hallo Karlchen! Wie geht es dir? Fröhliche Weihnachten!“ rufen sie.
Und herein kommen Florian und Birgit, Sebastian und Wolfgang, Christine und Simone. Und ganz zum Schluß auch noch die Mama.
Alle haben sie ein selbstgebasteltes Geschenk für Karlchen mitgebracht. Da strahlt er und kann gar nichts sagen, vor lauter Überraschung.
„Wir wollten dich besuchen, damit du an Weihnachten nicht so alleine bist“, sagt Wolfgang. Dann muß Karlchen erst einmal erzählen, wie es kam, daß er jetzt an Weihnachten hier im Krankenhaus liegen muß.
„...und da hab ich mir den Fuß gebrochen und es hat scheußlich wehgetan. Aber jetzt tut es gar nicht mehr weh. – Was habt ihr denn da mitgebracht, ist das für mich?“ fragt er dann neugierig.
Zuerst gibt ihm Sabine ihr Päckchen. Karlchen zieht das Papier zur Seite und heraus kommt ein Körbchen mit seinen Lieblings-Weihnachtsplätzchen. „Hm, da muß ich gleich eins versuchen!“ ruft Karlchen begeistert. Dann gibt

ihm Florian das Päckchen mit dem Schiff. Schon fährt es die Wellenberge auf der Bettdecke auf und ab.
Sebastian hängt mit Frau Maurers Hilfe den Stern ans Fenster und Karlchen sagt; „Ist doch gleich viel schöner hier, fast wie zu Hause."
Jetzt bekommt er noch die kleine Schachtel mit der Duftblume. Als Karlchen sie ausgepackt hat, legt er sie gleich vorsichtig auf seinen Nachttisch. „Damit ich sie immer riechen kann", sagt er.
Daneben kommt auch die Karte von Wolfgang und Simones Tasse. „Wenn die Schwester Karin kommt, kann sie den Kakao gleich da hineintun", meint Karlchen begeistert. Endlich sind alle Geschenke ausgepackt. Dann spielen sie alle gemeinsam mit dem Schiff und essen die Plätzchen. Dabei erzählen sie Karlchen lauter lustige Geschichten aus dem Kindergarten. Schließlich fällt ihnen nichts mehr ein.
„Und was machen wir jetzt?" fragt Wolfgang, dem es langweilig ist. „Wir könnten ja Karlchens Gips bemalen", schlägt Simone vor. „Ja, das ist eine gute Idee!" „Da brauchen wir aber einen Stift!?"

Karlchens Mutter hat welche mitgebracht.
„Super", freut sich Karlchen, „dann hab ich immer ein Andenken von euch!"
„Ja, aber nur, solange der Gips noch dran ist", lacht Sebastian.
Und gemeinsam machen sie sich ans Werk. Einer malt einen Weihnachtsbaum, ein anderer die Kerzen. Dann kommen noch Kugeln und ein paar Geschenke dazu und bald hat Karlchen ein wunderschönes Bild auf dem Gips. Dann ist auch schon wieder Zeit zu gehen. Der Nachmittag ist wie im Flug vergangen. Karlchen muß schlafen, damit er bald wieder gesund wird. Der Arzt hat gesagt, er darf bald nach Hause.
„Auf Wiedersehen!"
„Gute Besserung, Karlchen!"
„Werd' bald gesund!" rufen die Kinder noch zum Abschied. Frau Maurer umarmt ihren Sohn noch einmal und Sabine drückt ihm einen dicken Kuß auf die Backe. „Komm bald wieder, ich vermiss' dich so", flüstert sie ihm noch ins Ohr, dann geht die Türe wieder zu und Karlchen ist allein. Aber bald darf er ja nach Hause und dann können sie noch einmal Weihnachten feiern.
Sabine ist froh, daß sie ihren Bruder an Weihnachten wenigstens ein bißchen gesehen hat.
Jetzt kann sie auch zuhause mit den Eltern alleine feiern.

Weihnachtspäckchen

Verpackungen einmal ganz anders. Wie wäre es mit einem Geschenk als Sternchen oder als Kerze verpackt? Da wird der oder die Beschenkte sicher vor Freude strahlen.

MATERIAL

Für den Stern:
gelbes Tonpapier
oder feste Goldfolie
Schere, Lineal
Klebstoff

Für die Kerze:
rotes Geschenkpapier
Goldfolie, schwarzer
Filzstift
Klebstreifen, Klebstoff
evtl. kleine längliche
Schachtel

Sternenschachtel

1. *Zunächst wird die untere Hälfte der Schachtel hergestellt. Dafür wird die Bodenform von Seite 138/139 auf das Tonpapier übertragen und einmal mit und einmal ohne Klebezulagen ausgeschnitten. Die Klebezulagen entsprechend einschneiden und an einem Lineal falten.*

2. *Zwei Streifen von 44 cm Länge und ca. 3 cm Breite aus dem Tonpapier ausschneiden und einen davon an den Klebelaschen mit Klebstoff fixieren. Dabei wird der Randstreifen zuerst zu einer Zackenspitze geführt, dort passend geknickt und so weiter. Der andere wird nun genauso auf der Innenseite dagegengeklebt, so daß die Klebelaschen dazwischen verschwinden.*

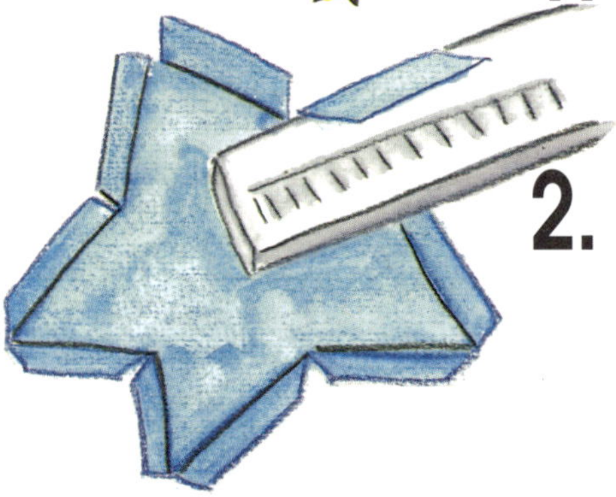

3. *Zum Schluß wird die Bodenform ohne die Klebezulagen noch von innen auf den Boden geklebt.*

4. *Der Deckel des Sterns wird nach dem gleichen Prinzip hergestellt. Er ist ein wenig größer als der Boden, um gut darauf zu passen.*

5. *Natürlich kann die Schachtel jetzt noch verziert werden. Dabei sind der Phantasie keine Grenzen gesetzt. Kleine Sternchen, Federn, Nüsse oder Gewürze wie Nelken oder Anis könnten gut dazu passen.*

Kerzenpäckchen

1. *Diese ausgefallene Verpackung ist für längliche Päckchen ideal, aber vielleicht paßt Ihr Geschenk ja auch in eine solche Schachtel?*
Das Papier wird je nach Größe der Schachtel für das Geschenk zurechtgeschnitten. Dann werden die Längsseiten des Papiers zusammengeklebt.

2. *Jetzt den auf der Unterseite überstehenden Rand jeweils an den Kanten nach unten falten, zu einer Spitze knikken und – nur bei einer Schmalseite – auf der Unterseite des Geschenks festkleben.*

3. *An der anderen Schmalseite läßt man die Spitze waagrecht wegstehen. Aus der Goldfolie schneidet man eine Flamme in der Größe der Spitze aus und klebt sie so darauf, daß das Päckchen die Kerze zur Flamme bildet. Zum Schluß mit einem schwarzen Filzstift noch einen Docht daraufmalen.*

Walnuß-Zaubereien

Plätzchen für alle und Walnußwürfel als Geschenk für die Mama oder den Papa

ZUTATEN

3 kleine Eier
280 g feiner Grießzucker
Saft und Schale von
1/2 Zitrone (unbehandelt)
280 g Walnußkerne
Backpapier

Walnuß-Häufchen

1. *Die Walnußkerne werden in der Küchenmaschine oder in einem Mixer gemahlen. Da die Nüsse sehr ölhaltig sind, empfiehlt es sich, immer kleine Mengen auf einmal zu mahlen.*

2. *Die ganzen Eier werden zusammen mit dem Zucker, der Zitronenschale und dem Saft zu einer Schaummasse gerührt. Das geht am besten mit einem elektrischen Handrührgerät.*

3. *Mit einem Teigschaber oder einem Kochlöffel werden die gemahlenen Walnußkerne vorsichtig untergehoben, damit der Schaum nicht zusammenfällt.*

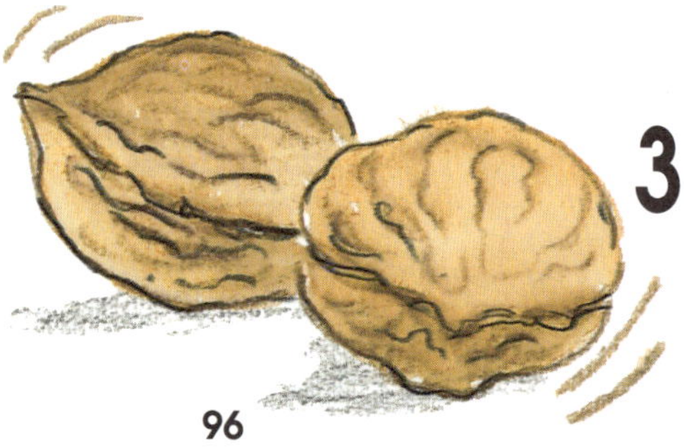

4. Den Backofen auf etwa 160 Grad vorheizen.

5. Mit zwei Teelöffeln kleine Häufchen von dieser Masse auf ein mit Backpapier belegtes Backblech setzen. Die Plätzchen in 10-15 Minuten hellbraun backen.

Walnußwürfel

ZUTATEN

125 g Walnußkerne
130 g Puderzucker
250 g Zartbitter-Schokolade
4 EL Sahne
1 Eiweiß
1 Prise Salz
Aluminiumfolie

1. Die Walnußkerne im Mixer oder in der Küchenmaschine mahlen und mit der Hälfte des Puderzuckers gut vermischen.

2. Die Schokolade in kleine Stücke brechen und im Wasserbad (siehe Seite 30) zum Schmelzen bringen.

3. Die Sahne unterrühren und den Topf aus dem Wasserbad nehmen.

4. Das Eiweiß mit dem Salz zu einer schnittfesten Masse schlagen, dann nach und nach den restlichen Puderzucker einrieseln lassen und weiterschlagen. Sobald die Masse fest und glänzend ist, die Walnuß-Zucker-Mischung locker, aber gründlich unterheben. Die Schokoladensahne ebenfalls untermischen.

5. Eine Platte mit Aluminiumfolie auslegen, die Walnußmasse etwa 2 cm dick darauf verstreichen und die Ränder der Alufolie hochfalzen. Im Kühlschrank völlig fest werden lassen, dann in 2 cm große Würfel schneiden und einzeln in Pralinenmanschetten setzen.

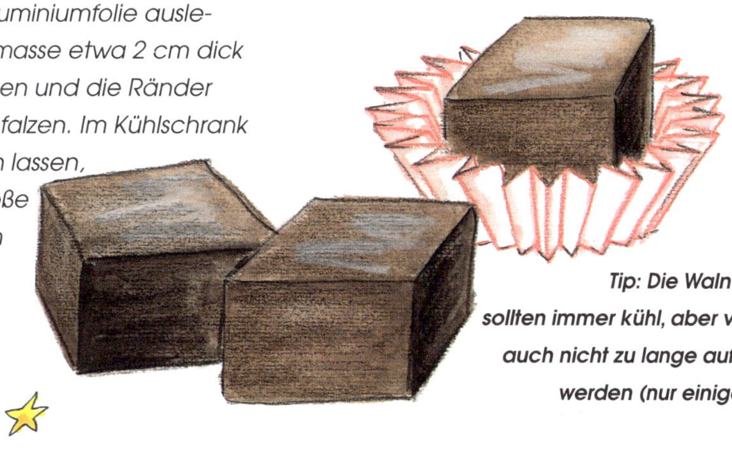

Tip: Die Walnußwürfel sollten immer kühl, aber vor allem auch nicht zu lange aufbewahrt werden (nur einige Tage!).

Weihnachts-Rallye

Während drinnen in der Wohnung die letzten Vorbereitungen für den Heiligen Abend getroffen werden, vergeht die Zeit des Wartens mit dieser Weihnachts-Rallye wie im Flug.

MATERIAL
Orangen, Mandarinen, Walnüsse, Haselnüsse, Lebkuchen etc. kleine Zettel, Stift

Damit an Heiligabend auch alles reibungslos funktioniert, sollte man ein wenig Vorbereitungszeit einplanen. Am meisten Spaß macht es, wenn mehrere Kinder und Erwachsene daran teilnehmen. Wie wäre es, wenn Sie mal Ihre Nachbarn fragen, ob sie nicht auch mitmachen wollen?

Die Grundidee besteht darin, daß sich ein Erwachsener mit einer Gruppe Kinder von einer Station zur nächsten bewegt. An diesen Stationen steht jeweils ein weiterer Erwachsener (vielleicht als Nikolaus oder Christkind verkleidet?), der den Kindern Aufgaben stellt. Wie Sie von der einen Station zur anderen kommen, ist sicherlich zum einen vom Wetter und der Umgebung abhängig, aber auch vom Alter der teilnehmenden Kinder. Natürlich ist es am schönsten, wenn Schnee liegt, und Schlittenfahrten mit in die Rallye einbezogen werden können.

Aber auch wenn das Wetter eher grau ist, bleiben noch viele Möglichkeiten: beispielsweise mit dem Rad zu fahren, oder spazierenzugehen, auf einem Bein von einer Station zur anderen hüpfen, oder als Paar, wobei die jeweils inneren Beine der beiden zusammengebunden werden...

Vorbereitung:

So bereiten Sie die Zettel vor:

Als Beispiel nehmen wir an, die Rallye findet draußen in einem Park oder Waldstück mit einem kleinen Hügel statt. Dann könnte auf dem ersten Zettel, den die Kinder noch an der Haustür bekommen, stehen: WIr gehen 50 Schritte geradeaus, dann 20 Schritte nach links und 10 Schritte nach rechts. Auf dem zweiten könnte stehen: Jetzt nehmen wir den Schlitten und rodeln den Hügel hinunter. Am ersten Baum rechts treffen wir uns wieder. Ob die Zettel an den Stationen ausgegeben werden oder ob Sie die Zettel vorher an markanten Stellen befestigen (Bäume, Zäune, Schilder o.ä.), bleibt Ihnen überlassen. Im letzteren Fall dauert die Rallye noch etwas länger.

Das kann immer so weitergehen, bis Sie wieder zu Hause angelangt sind.

Mögliche Aufgaben an den Stationen sind:

Der Erwachsene an der ersten Station hat einen Sack dabei, in dem Orangen, Mandarinen o.ä. sind. Er läßt das Kind hineingreifen und ein Stück in die Hand nehmen, ohne es anzusehen. Jetzt muß es beschreiben, was es tasten kann: Größe, Rauhheit der Schale etc. Vielleicht kann es auch erraten, um was für ein Ding es sich handelt. Danach darf es die Frucht oder Nuß oder den Lebkuchen behalten. Auch kleine Spielzeuge eignen sich dafür.

Weitere Aufgaben mit dem gleichen Material: z.B. einen Schneeball in der Form des getasteten Gegenstandes machen, den Unterschied zu etwas anderem beschreiben (z.B. Orange ist größer als Mandarine).

Auch solche Aufgaben sind möglich:

Ein Weihnachtslied singen.
Ein Weihnachtsgedicht aufsagen.
Zielwerfen mit Schneebällen in einen Eimer etc, etc.

Lassen Sie Ihre Phantasie beim Erfinden neuer Aufgaben spielen und nehmen sie die nötigen Utensilien dafür mit.

Die Rallye:

Wenn es dann losgeht, muß man kleineren Kindern den Text auf den Zetteln natürlich vorlesen, ältere Kinder können dies vielleicht schon selbst. Dann gehen Sie gemeinsam mit ihnen dorthin. Ob die Kinder einzeln verschiedene Aufgaben lösen oder mehrere in kleinen Gruppen gemeinsam, hängt von der Anzahl der Kinder ab, die mitspielen. Wetten, daß so die Zeit bis zur Bescherung ganz schnell vergeht?

Die Anleitung für die meisten Figuren dieser Krippe finden Sie auf der nächsten Seite.

Weihnachtskrippe

Auf einem gemeinsamen Spaziergang im Winterwald findet man fast alles, was man zum Bau dieser Krippe braucht.

MATERIAL

Schuhkarton-Deckel
evtl. dünne Styroporplatte
Frischhaltefolie
Moos, kleine Äste oder Zweige
Kiefer- oder Tannenzapfen, Blumendraht
Pappe, Goldfolie
Schere, Klebstoff
Bast- oder Wollfäden
Haselnuß

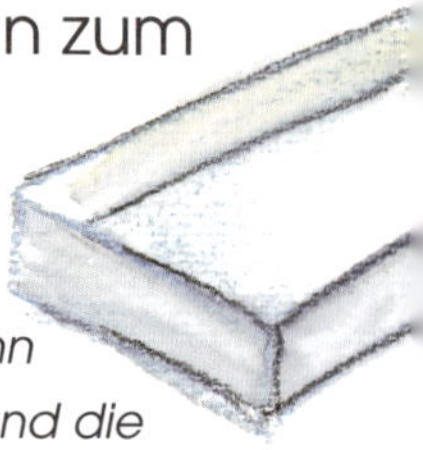

1. *Wer mag, kann den Deckel außen mit Goldfolie bekleben. Die Styroporplatte wird nur benötigt, wenn nicht genug Moos zu finden war, damit die Krippe und die Figuren darin festgesteckt werden können. Dann legt man sie zuerst in den Deckel.*

2. *Auf die Styroporplatte oder direkt in den Deckel legt man Frischhaltefolie und darauf das Moos. Die Stücke sollten dicht aneinander liegen, damit vom Karton nichts mehr zu sehen ist.*

Für das Jesuskind werden einige Bast- oder Wollfäden mit etwas Klebstoff in eine leere Walnußschalenhälfte geklebt. Den Kopf bildet eine Haselnuß.

3. Mit dem Bau der Krippe beginnt man am besten an einer Längsseite oder in einer Ecke der Moosfläche. Zunächst werden zwei etwas größere Zweige in einem Abstand von etwa 10 cm in das Moos gesteckt. Dann nimmt man etwas kleinere Zweige und steckt sie abwechselnd von rechts und von links in den Zwischenraum. Sie sollten etwas schräg stehen, wie auf der Zeichnung zu sehen ist. Zum Schluß kann man auch noch ein paar kleine Stückchen Moos dazwischen drücken.

4. Auf die Pappe wird der Stern von der Vorlagenseite 136/137 übertragen. Danach doppelt ausschneiden und mit Goldfolie bekleben.

5. Vor dem Zusammenkleben der beiden Teile nimmt man ein Stück Blumendraht (etwa 8 cm lang) und biegt das eine Ende zu einem kleinen Kreis. Dieser Kreis wird nun zwischen die beiden Sternhälften gelegt und festgeklebt.

Auf die Innenseite einer Sternhälfte wird der Blumendraht gelegt, die ganze Fläche mit Kleber bestrichen und die zweite Hälfte darauf gedrückt, so daß der Draht innen zu liegen kommt.

6. Nach dem Trocknen kann man den Stern mit dem anderen Ende des Blumendrahts in die Äste stecken, so daß es aussieht, als würde er über der Krippe schweben.

7. Jetzt braucht man nur noch die kleinen Bäume oder Sträucher. Dafür werden die Kieferzapfen an ihrem Stielansatz mit einem Stück Blumendraht (5 cm) 1-2 mal umwickelt und dann mit dem anderen Ende des Drahtes in das Moos gesteckt.

Wenn die Kieferzapfen noch geschlossen sind, stellt man sie kurz auf die Heizung, dann öffnen sie sich.

Wer mag, kann auch Styroporreste zerdrücken und die kleinen Kugeln wie Schnee über die Krippe und das Moos streuen.

Für alle Figuren werden Walnußschalenhälften benötigt. Dazu öffnet man die Walnüsse wie auf Seite 32 beschrieben. Den Inhalt kann man für Plätzchen (S. 96/97) aufheben oder beim Basteln essen.

Figuren für die Weihnachtskrippe

Diese Figuren können in die Krippe von Seite 100/101 gestellt werden. Aber natürlich sind sie auch für den Weihnachtsbaum ein ganz besonderer Schmuck.

MATERIAL

Walnüsse
Plakafarbe (blau, rot, weiß, schwarz), Pinsel
weiße Pappe oder Zeichenkarton
Klebstoff, Blumendraht
Filz in rot, blau und braun
Bunt- oder Filzstifte
Watte, Wasserfarbe

Maria und Josef

1. *Zunächst bemalt man für beide Figuren je zwei Walnußhälften. Die für Josef in einem dunklen Rot, die für Maria in einem dunklen Blau. Dabei werden auf je eine Walnußhälfte auch die Arme aufgemalt, wie die Zeichnung links zeigt.*

2. *Während die Schalen trocknen, überträgt man von der Vorlagenseite 136/137 die Umrisse für die Figuren auf den Zeichenkarton und schneidet sie aus.*

3. *Die getrockneten Walnußschalen klebt man auf die vorgesehenen Stellen, auf der Rückenseite legt man noch einen Blumendraht dazwischen (siehe Zeichnung rechts).*

4. *Für die Umhänge schneidet man jeweils ein Stück von etwa 10 x 5,5 cm aus dem Filz, legt es den Figuren um die Schultern und klebt die Enden vorne zusammen.*

5. *Die Gesichter werden mit den Buntstiften aufgemalt und Haare und vielleicht auch ein Bart für Josef aus Watte aufgeklebt.*

Mit dem Blumendraht werden die Figuren in das Moos der Krippe gesteckt.

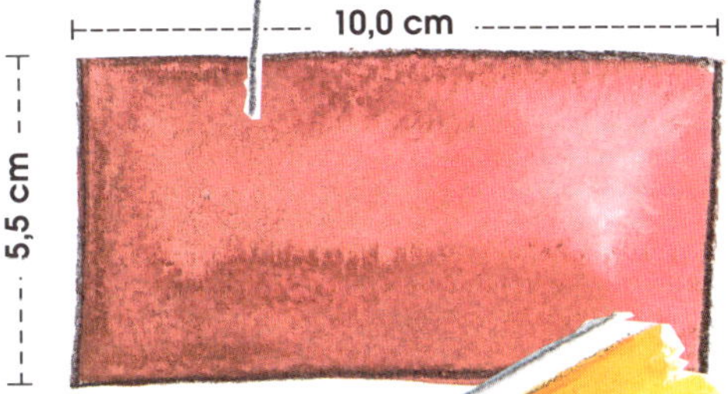

Die Hirten

Die Hirten entstehen auf die gleiche Weise wie Josef. Nur bekommen sie Mäntel aus braunem Filz, und auch die Bärte kann man mit ein paar Tupfern Wasserfarbe dunkel färben.

Die Schafe

Für die Schafe wird die Figur von der Vorlagenseite 136/137 auf die Pappe übertragen und ausgeschnitten. Nach dem Aufkleben der unbemalten Walnußschalen bestreicht man diese dünn mit Klebstoff und drückt kleine Flocken Watte darauf fest.

Esel und Kuh werden nach dem gleichen Prinzip hergestellt. Die Figuren können noch entsprechend bemalt und zum Schluß kann die Watte noch etwas eingefärbt werden.

Die vierte Adventswoche und Weihnachten

Jetzt ist Weihnachten nicht mehr weit. Die letzten Baumanhänger werden noch gebastelt und Einladungen und Tischkarten für eine gemeinsame Weihnachtsfeier mit Freunden, Nachbarn oder Verwandten vorbereitet. Um den Kindern die Zeit des Wartens zu verkürzen, gibt es Spiele mit Nüssen und Mandarinen, die drinnen gespielt werden können. Viele Geschichten rund um das Weihnachtswunder und Lieder verschönern diese kurze vierte Woche, bis der Heilige Abend endlich da ist. Besinnliche Gedichte und Gebete runden die Weihnachtszeit ab und lassen dieses Weihnachtsfest unvergeßlich werden.

Einladung
zum Weihnachtsessen
am 25.12. um 19.00 Uhr

Stille Nacht

2. *Stille Nacht, heilige Nacht,*
Hirten erst kund gemacht!
Durch der Engel Halleluja
tönt es laut von fern und nah:
Christ der Retter ist da!

3. *Stille Nacht, heilige Nacht!*
Gottes Sohn, o wie lacht,
lieb aus deinem göttlichen Mund,
da uns schlägt die rettende Stund,
Christ in deiner Geburt!

Spiele zum Sehen und Tasten

Für diese Spiele braucht man keine Vorbereitung und nur ganz wenig Material.

Da tanzt der Finger?

Jeder zeigt mit dem Finger auf einen bestimmten Gegenstand. Jetzt kneift man das linke Auge zu, ohne den Zeigefinger zu bewegen. Dann das linke Auge wieder öffnen und das rechte zukneifen. Hat sich da etwas bewegt?

Das ist doch ganz leicht!

Verschiedene kleine Gegenstände (Murmeln, Schokoladenstücke o.ä.) werden auf den Tisch gelegt. Abwechselnd kneift jeder Teilnehmer (oder hält sich) ein Auge zu und versucht einen Gegenstand zu ergreifen. Ganz einfach, oder?

Mit mehreren Kindern oder Teilnehmern zu spielen:

Wer bist denn du?

Ein Kind bekommt die Augen verbunden und bleibt an einer Stelle stehen, während sich die anderen Teilnehmer im Raum verteilen. Jetzt versucht das Kind, nur mit den Händen tastend, die Personen, auf die es trifft, zu erkennen. Dabei kann man ihm helfen, indem man ihm entgegengeht. Aber nicht sprechen!

Zwei Freunde und der Wunschzettel

Wolfgang und Matthias gehen zusammen in die gleiche Klasse. Sie wohnen auch nicht weit voneinander weg und gehen deshalb immer zusammen zur Schule. Am Nachmittag spielen sie miteinander. Sie sind Freunde.

In der Schule haben sie gerade über Weihnachten gesprochen. Der Lehrer hat ihnen die Weihnachtsgeschichte erzählt und Matthias hat wieder einmal nicht richtig zugehört. „Immer diese alten Geschichten", denkt er und würde viel lieber wieder mit seinem Computer spielen. Vor der großen Pause sagt der Lehrer: „Bald sind Weihnachtsferien und nach den Ferien werden wir einen Aufsatz darüber schreiben, was ihr an Weihnachten alles gemacht habt. Also merkt es euch gut."

In der Pause reden alle Kinder durcheinander.

„Was machst du denn an Weihnachten?"

„Ich fahr zum Skifahren!"

„Wir fahren nach Teneriffa. Da ist es ganz warm und man kann im Meer baden gehen!"

„Ich darf einen Skikurs machen!"

„Wir fahren zu meiner Tante nach Dänemark, die wohnt auch am Meer!"

„Ich werde die ganzen Ferien mit dem Computer spielen, den ich zu Weihnachten bekomme!"

Wolfgang sagt gar nichts. Er weiß noch nicht, was er an Weihnachten machen wird.

Als er nach Hause kommt, erzählt er seinem Vater, daß sie nach Weihnachten einen Aufsatz schreiben sollen, darüber, was sie an Weihnachten gemacht haben.

„Was machen wir an Weihnachten und in den Ferien?" fragt er seinen Vater beim Mittagessen.

„Tja Wolfgang, es tut mir sehr leid, aber wir werden an Weihnachten wohl gar nichts machen können. Ich weiß noch nicht mal, ob wir uns dieses Jahr einen Weihnachtsbaum leisten können. Auch die Geschenke werden dieses Jahr wohl ausfallen."

„Ja, aber warum denn?"fragt Wolfgang erstaunt.

„Das ist gar nicht so einfach zu erklären, mein Sohn. Du hast doch sicher schon gemerkt, daß ich in letzter Zeit immer zu Hause war."

„Ja", nickt Wolfgang, „das ist toll, daß du so viel Zeit für mich hast."

„Ja", sagt der Vater, „aber ich bin deshalb zu Hause, weil ich keine Arbeit mehr habe. Die Firma, in der ich immer gearbeitet habe, hat zugemacht und jetzt verdiene ich kein Geld mehr. Also können wir auch nichts mehr kaufen, sondern müssen sparen, wo wir nur können." „Das versteh ich", sagt Wolfgang nachdenklich, „aber werden wir denn nie mehr Weihnachten so richtig feiern können?"

„Doch", sagt der Vater, „wenn ich erst einmal wieder Arbeit habe, dann können wir das wieder machen. Aber bis dahin...es tut mir so leid, Wolfgang."

„Hm, das ist schade, Papa, aber wir werden das schon schaffen. Dann sparen wir eben jetzt und kaufen keinen Weihnachtsbaum und keine Geschenke", sagt Wolfgang tapfer.

„Aber was soll ich denn dann in meinen Aufsatz schreiben?"

Am nächsten Tag gehen Wolfgang und Matthias wieder gemeinsam in die Schule.

„Bald ist Weihnachten", freut sich Matthias.

„Dann sind Ferien und wir können den ganzen Tag spielen."

Wolfgang nickt und mummelt sich noch tiefer in seine Jacke. Es schneit dicke Flocken.

„Sag doch, was wünschst du dir denn zu Weihnachten?" fragt Matthias neugierig seinen Freund.

Wolfgang seufzt und murmelt in seinen Schal: „Ooch, nichts Bestimmtes!"

Aber Matthias hat gar nicht richtig zugehört. Er träumt schon seit Wochen von dem neuen Computerspiel, das er sich zu Weihnachten wünscht.

GESCHICHTE

„Ich weiß schon, was ich mir wünsche:", erzählt er begeistert, „neue Ski, das neue Spiel und die Eisenbahn aus dem Schaufenster."
„Hm, hm", murmelt Wolfgang.
Am Nachmittag sitzt Matthias nachdenklich zuhause an seinem Tisch. Eigentlich soll er ja seinen Wunschzettel schreiben, aber er muß die ganze Zeit an seinen Freund Wolfgang denken.Er kann sich gar nicht vorstellen, daß Wolfgang noch nicht weiß, was er sich zu Weihnachten wünscht.
Da kommt seine Mutter ins Zimmer.
„Na, Matthias, hast du denn schon deinen Wunschzettel fertig?" fragt sie.
Matthias schüttelt nachdenklich den Kopf.
„Stell dir vor, ich habe heute den Wolfgang gefragt, was er sich zu Weihnachten wünscht, und er hat gesagt, er weiß es noch gar nicht!" wundert sich Matthias.
Da lächelt die Mutter und sagt: „Vielleicht hast du nur nicht richtig zugehört. Frag ihn doch morgen noch einmal."
„Ja, das mach' ich", nickt Matthias.
Am nächsten Tag fragt Matthias seinen Freund noch einmal.

Da erzählt ihm Wolfgang, daß sein Vater keine Arbeit mehr hat. Deshalb müssen sie jetzt sparen und können an Weihnachten gar nichts machen und wünschen kann er sich dieses Jahr auch nichts.
Mittags kommt Matthias sehr nachdenklich nach Hause.
Als die Mutter das Essen auf den Tisch stellt, fragt sie: „Was ist denn heute mit dir, Matthias?" „Ich habe den Wolfgang noch einmal gefragt, was er sich zu Weihnachten wünscht und da hat er gesagt, gar nichts, weil sein Vater keine Arbeit mehr hat."
„Hm, das wußte ich ja gar nicht", sagt seine Mutter erstaunt. Nach dem Essen geht Matthias auf sein Zimmer und denkt nach. Dann fällt ihm plötzlich etwas ein. Er sucht in seinem Zimmer nach einem Buch, das er zu seinem letzten Geburtstag geschenkt bekommen hat. Nachdenklich betrachtet er es. Wolfgang wollte doch auch immer so ein Buch haben! Dann springt er auf und läuft zu seiner Mutter. „Mama, können wir Wolfgang nicht zu Weihnachten einladen? Ich möchte ihm gerne das Buch hier schenken. Er wollte immer auch so eins und ich glaube, er freut sich bestimmt!"
Die Mutter guckt ihren Sohn an und sagt: „Das finde ich aber lieb von dir, daß du an deinen Freund denkst. Ich werde das heute abend mit deinem Vater besprechen und dann sehen wir weiter, ja?"
Abends, als Matthias schon im Bett ist, sprechen die Eltern darüber. Sie beschließen, Wolfgang und seine Eltern an Weihnachten zu sich einzuladen.
„Warum auch nicht", sagt der Vater, „wir ken-

nen sie doch auch schon so lange. Seit die beiden zusammen in den Kindergarten gegangen sind." Auch er wundert sich darüber, warum Wolfgangs Vater ihm nie davon erzählt hat, daß er keine Arbeit mehr hat.

Am nächsten Morgen beim Frühstück fragt Matthias: „Und? Laden wir den Wolfgang jetzt wirklich ein?"

„Weißt du was", sagt die Mutter, „wir laden ihn und seine Eltern an Weihnachten zu uns ein. Heute nachmittag kannst du ja eine schöne Einladung basteln und sie dann zu Wolfgang bringen!"

„Ui ja!" Matthias ist Feuer und Flamme. „Da wird er aber Augen machen! Und bis dahin wird nichts verraten!"

In der Schule hätte Matthias es Wolfgang fast schon erzählt, aber dann hat er doch nichts gesagt.

Am Nachmittag macht er aus Papier eine wunderschöne Einladung und als sein Vater nach Hause kommt, fahren sie bei Wolfgangs Haus vorbei und werfen sie heimlich in den Briefkasten.

Als Wolfgangs Eltern die Einladung am nächsten Morgen entdecken, sind sie sehr erstaunt. Ein bißchen schämen sie sich auch, daß sie so arm sind und deshalb eingeladen werden, aber dann entschließen sie sich doch, die Einladung anzunehmen. „Wolfgang zuliebe!" sagt der Vater.

„Ich finde es schön, daß wir so gute Freunde haben", sagt Wolfgangs Mutter und lächelt. Wolfgang und Matthias freuen sich wie die Schneekönige, als sie erfahren, daß sie zusammen Weihnachten feiern können. Den ganzen Tag planen sie schon, was sie gemeinsam spielen wollen.

„Wenn ich die Eisenbahn bekomme, darfst du zuerst damit spielen", sagt Matthias großzügig.

„Wirklich?" fragt Wolfgang. „Aber wir können ja auch zusammen damit spielen. Das macht zu zweit sowieso viel mehr Spaß!"

Endlich ist der große Tag gekommen.

Bei Matthias zu Hause duftet es nach feinem Essen und Plätzchen. Der Weihnachtsbaum steht schon geschmückt im Zimmer. Nur das Buch muß Matthias noch einpacken, dann ist alles fertig.

Bald klingelt es und Wolfgang und seine Eltern stehen vor der Tür. Sie haben einen sellbstgebastelten Weihnachtsstern mitgebracht, der nun auch noch am Baum aufgehängt wird.

Während sie gemeinsam am großen Tisch sitzen und das Weihnachtsessen einnehmen, schielen Matthias und Wolfgang schon auf die Pakete, die unter dem Baum liegen. Matthias ist gespannt, was Wolfgang sagt, wenn er das Buch auspackt.

Aber erst liest der Vater die Weihnachtsgeschichte noch einmal vor. Als Matthias hört, daß Maria und Josef zu arm waren, um ihrem Kind ein schöneres Zuhause zu geben, da versteht er auf einmal die Geschichte.

Dann endlich dürfen Matthias und Wolfgang die Geschenke auspacken.

Als Wolfgang das Buch sieht, freut er sich sehr. „Danke!" sagt er und umarmt Matthias.

„Du bist doch mein Freund", sagt Matthias, „und Freunde teilen!"

Matthias' Eltern sehen sich an und lächeln. Auch Wolfgangs Eltern finden, daß dies ein ganz besonderes Weihnachtsfest ist.

Weihnachtliche Einladungskarten

Eine Einladung ist immer ein Grund zur Freude, aber mit diesen wunderschönen selbstgemachten Einladungskarten ist die Vorfreude bestimmt besonders groß.

MATERIAL

Blanko-Grußkarten (Klappkarten) und festes Zeichenpapier oder festes Tonpapier, z.B. in blau
Goldschreibstift
Klebstoff, Klebstreifen
Bastelmesser oder kleine Schere, Lineal

1. *Verwendet man anstelle der Blanko-Karten Tonpapier, stellt man zunächst aus diesem ebenfalls Klappkarten, ungefähr in Postkartengröße her. Dabei ist es sinnvoll, den Falz an die längere Seite zu legen.*

2. *Jetzt klappt man die Karte – genauso wie eine Blanko-Grußkarte – auf und legt sie so vor sich hin, daß die Außenseiten zu sehen sind. Auf einer dieser Seiten zieht man zunächst mit dem Bleistift eine bogenförmige Linie über die ganze Karte (siehe Zeichnung). Dann schneidet man diese Linie mit dem Bastelmesser oder der Schere ein (evtl. Zeitungspapier zum Schutz der Tischplatte unterlegen).*

So wird die Linie über die Karte gezogen.

3. *Aus dem weißen Zeichenpapier oder dem Tonpapier schneidet man einen Streifen aus, der etwa 2 cm breit und 23 cm lang ist.*

4. *Danach mißt man an diesem Streifen 13 cm ab und markiert diese Stelle mit einem kleinen Bleistiftstrich. An dieser Stelle wird der Streifen nun einmal rechtwinklig gefaltet (siehe Zeichnung). Die letzten 2 cm des kürzeren Streifens werden ebenfalls umgeknickt.*

5. *Nun wird aus dem Tonpapier oder dem weißen Zeichenpapier ein Stern mit einem Schweif ausgeschnitten.*

Besonders festlich sieht die Einladung aus, wenn der Stern mit Goldfolie beklebt wird.

6. *Jetzt legt man den Stern vor sich hin und klebt mit einem Tropfen Klebstoff das kurze umgeknickte Ende des Papierstreifens ungefähr in die Mitte des Schweifes.*

7. *Das längere Ende des Papierstreifens wird nun in den kreisförmigen Schlitz der Klappkarte gesteckt und an der rechten Schmalseite der Karte wieder herausgeführt. Hält man die Karte jetzt etwas zusammen und zieht an dem Streifen, bewegt sich der Stern über die ganze Karte entlang des kreisförmigen Einschnitts.*

8. *Nun wird die Klappkarte an den Rändern zugeklebt, nur an der Stelle, an der der Papierstreifen herausschaut, werden etwa 3 cm freigelassen. Diese Öffnung kann man auch mit kleinen Stücken eines Klebstreifens sichern.*

9. *Zum Schluß wird mit dem Goldschreibstift der Einladungstext auf die Karte geschrieben.*

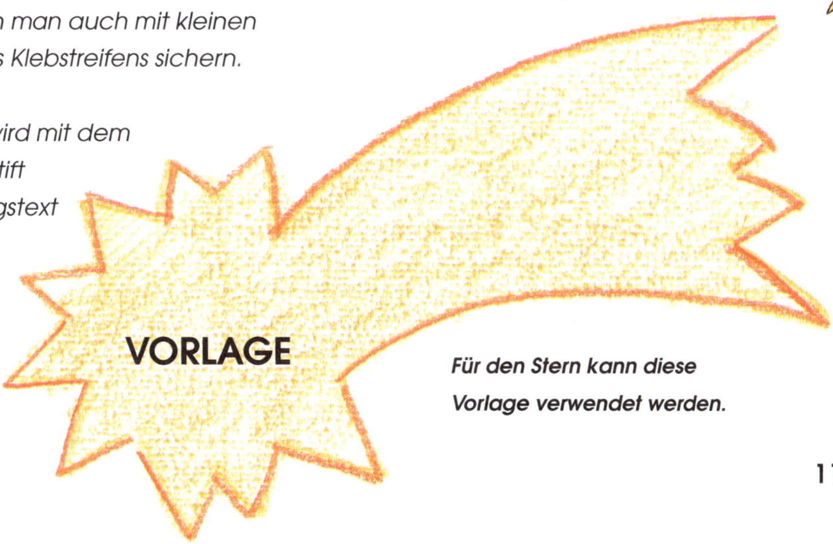

Für den Stern kann diese Vorlage verwendet werden.

Kling, Glöckchen

2. Kling, Glöckchen, klingelingeling, kling, Glöckchen, kling!
Mädchen hört und Bübchen, macht mir auf das Stübchen,
bring euch viele Gaben, sollt euch dran erlaben.
Kling, Glöckchen, klingelingeling, kling, Glöckchen, kling.

3. Kling, Glöckchen, klingelingeling, kling, Glöckchen, kling!
Hell erglühn die Kerzen, öffnet mir die Herzen!
Will drin wohnen fröhlich, frommes Kind, wie selig.
Kling, Glöckchen, klingelingeling, kling, Glöckchen, kling!

Knecht Ruprecht

Von drauß' vom Walde komm' ich her;
ich muß euch sagen, es weihnachtet sehr!
allüberall auf den Tannenspitzen
sah ich goldene Lichtlein sitzen,
und droben aus dem Himmelstor
sah mit großen Augen das Christkind hervor.

Und wie ich so strolcht' durch den finsteren Tann,
da rief's mich mit heller Stimme an:
„Knecht Ruprecht", rief es, „alter Gesell,
hebe die Beine und spute dich schnell!
Die Kerzen fangen zu brennen an,
das Himmelstor ist aufgetan,
Alt und Jung sollen nun
von der Jagd des Lebens einmal ruhn;
und morgen flieg' ich hinab zur Erden,
denn es soll wieder Weihnachten werden!"
Ich sprach: „O lieber Herre Christ,
meine Reise fast zu Ende ist;
ich soll nur noch in diese Stadt,
wo's eitel gute Kinder hat."
„Hast denn das Säcklein auch bei dir?"
Ich sprach; „Das Säcklein, das ist hier:
Denn Äpfel, Nuß und Mandelkern
essen fromme Kinder gern."
„Hast denn die Rute auch bei dir?"
Ich sprach: „Die Rute, die ist hier;
doch für die Kinder nur, die schlechten,
die trifft sie auf den Teil, den rechten."
Christkindlein sprach: „So ist es recht,
so geh mit Gott, mein treuer Knecht!"

Von drauß vom Walde komm' ich her;
ich muß euch sagen, es weihnachtet sehr!
Nun sprecht, wie ich's hier innen find'!
Sind's gute Kind, sind's böse Kind?

Theodor Storm

Fabian und die Schneeballschlacht

Im tiefen Wald, in einer kleinen Höhle aus Blättern und Erde, schläft eine Igelfamilie dicht aneinander gekuschelt. Es ist mitten im Winter und sie halten Winterschlaf.

Der Igelpapa träumt von dem guten Essen, das ihn erwartet, wenn er im Frühjahr wieder aufwachen wird. Genüßlich bewegt er den Mund und schmatzt leise. Die Igelmama träumt von einer neuen Höhle, die sie gerne hätte, mit Fenstern und Vorhängen daran. Die Tochter träumt von Waldblumen, die so gut riechen und Fabian, der Kleinste der Igelfamilie, träumt gar nichts. Er ist nämlich gerade dabei, aufzuwachen aus seinem tiefen Winterschlaf.

Verwundert reibt er sich die Augen. Nanu? Die anderen schlafen ja alle noch? Ist denn noch nicht Frühling oder haben sie alle verschlafen? „Ich geh erst mal gucken", denkt er sich. Da sieht er auf einmal ein Glitzern.

„Was ist denn das?" fragt er sich und steht auf. Dann versucht er, sich vorsichtig an seinen Eltern vorbeizudrücken, um sie nicht aufzuwecken. Wegen der Stacheln ist das gar nicht so einfach, aber schließlich hat er es geschafft und steht draußen.

Vor der Höhle ist es kalt und alles ist weiß. Fabian ist verblüfft. Ist die Welt auf einmal ganz anders oder träumt er vielleicht doch? Vorsichtig steckt er einen Fuß in die kalte, weiße Masse vor ihm. „Uhh, ist das kalt. Ich glaube, ich gehe lieber wieder hinein", sagt er leise, dann sieht er wieder dieses geheimnisvolle Glitzern. Es scheint von sehr weit her zu kommen.

„Was kann das nur sein? Ich glaube, ich muß doch einmal nachsehen. Hat Papa nicht immer gesagt, daß im Frühling alles glitzert? Vielleicht ist das schon der Frühling und er ist nur noch nicht bis zu uns gekommen?"

Fabian guckt noch einmal zurück in die Höhle.

Drinnen schlafen alle anderen ruhig und friedlich weiter.
Dann läuft Fabian los. Immer in die Richtung, wo er zuletzt das Glitzern gesehen hat. Es ist ein Dorf, das in der Nähe liegt, und das er vom Sommer her noch kennt. Dort hat ihm ein kleines Mädchen einmal eine Schüssel Milch gegeben. Die war sehr fein.

Der Wald ist tief verschneit und ab und zu sinkt Fabian bis zur Nasenspitze in den Schnee. Da weiß er nicht mehr, ob es eine gute Idee war, so alleine fortzulaufen.
Vor ihm tauchen Spuren auf. Einige von ihnen kennt er, die von einem Hasen und die von einer Maus. Es gibt noch eine größere, aber die erkennt er nicht. Glücklicherweise trifft er denjenigen nicht, der die Spuren hinterlassen hat, denn es war ein Fuchs.
Immer näher kommt er zum Dorf. Fast schon kann er die weihnachtlichen Düfte von Braten und Plätzchen riechen. Und immer wieder glitzert es in der Dunkelheit.
Aber auf einmal taucht vor ihm ein riesiges Ungeheuer auf.
„Neiiiiin", schreit Fabian verzweifelt und rollt sich blitzschnell zu einer Kugel zusammen, so daß von ihm nur noch die Stacheln zu sehen sind. Vor lauter Angst zitternd denkt er: „Wäre ich doch nur zu Hause geblieben. Jetzt frißt mich der weiße Mann und-und...Mama hat immer gesagt, ich soll nicht nach draußen gehen, wenn alles weiß ist. Da holt mich der weiße Mann, hat sie gesagt... Aber vielleicht sieht er mich ja nicht, wenn ich ganz still liegen bleibe?" Zitternd drückt er die Nase noch tiefer in den Schnee.
„Hihihihihihihi! Du hast wohl Angst vor dem Schneemann? Hihihihihi!" hört er eine Stimme.
Vorsichtig hebt Fabian den Kopf:
„Wer spricht denn da?"
Der kleine Hase kann gar nicht aufhören zu lachen: „Ha-hallo, ich bin Puschel, und was bist du für ein Angsthase?"
Vorsichtig guckt Fabian herum. Da entdeckt er Puschel. „Das ist ja ein Hase", denkt er. „Der hat wohl gar keine Angst vor dem weißen Mann?"
„Hallo, ich bin Fabian", sagt Fabian zu Puschel und beobachtet mißtrauisch die riesige weiße Gestalt. Aber die bewegt sich gar nicht. Dann sieht er erschrocken zu, wie Puschel vor seinen Augen auf den weißen Mann klettert und sich einfach ein Stück von seiner Nase klaut.
„Mmmhh, schmeckt gut, möchtest du auch?" fragt Puschel.
Fröhlich beißt er in die Mohrrübe und bietet sie dann auch Fabian an.

GESCHICHTE

„Aber...“, Fabian ist fassungslos.
Als Puschel sieht, wie ängstlich Fabian auf den Schneemann schaut, sagt er: „Ach das? Das ist doch nur Schnee!“
Dann beginnt er übermütig in der weißen kalten Pracht herumzuhüpfen.
„Siehst du?“ sagt er und nimmt etwas Schnee, rollt sie zu einer Kugel und wirft ihn zu Fabian. Als der kleine Igel das kalte weiße Naß auf seinen Stacheln spürt, denkt er sich „Na, warte!“ und dann versucht er selbst, einen Schneeball zu rollen. Er wirft ihn auf Puschel und bald ist die schönste Schneeballschlacht im Gange. Immer um den Schneemann herum, vor dem Fabian inzwischen auch keine Angst mehr hat. Übermütig wirft er sogar einmal einen Schneeball auf den Schneemann und denkt sich: „Pah, von wegen weißer Mann, wenn die Mama wüßte, daß das nur Schnee ist!“

Zwei kleine Mäuse, die Fabian und Puschel's Lachen gehört haben, kommen auf einmal an und spielen einfach mit. Ihre Bälle sind natürlich etwas kleiner, aber dafür sind sie so flink, daß sie jedem Schneeball entkommen.
Als sie alle müde geworden sind, ruhen sie sich ein bißchen aus.
„Sag mal, Puschel“, fragt Fabian, „du weißt doch so viel, weißt du denn auch, woher das Glitzern kommt?“ Puschel lacht. „Glitzern? Meinst du den Schnee?“
„Nein, da, da war es schon wieder! Siehst du denn nicht, wie es glitzert? Ist das der Frühling?“
„Der Frühling?“ lacht Puschel, bis ihm die Tränen über die Backen laufen. „Ich glaube, du träumst noch, hm?“
Dann guckt er in die Richtung, in die Fabian gezeigt hat. Wieder glitzert es und jetzt weiß Puschel auch, was Fabian gemeint hat. „Das ist nicht der Frühling, Fabian, das ist der Weihnachtsmann!“
„Der Weihnachtsmann?“ fragt Fabian erstaunt.

Ob das der Mann war, vor dem seine Mutter ihn gewarnt hatte, und der für kleine Igel gefährlich war?
„Ja, kennst du denn den Weihnachtsmann nicht?“ fragen die Mäuse.
„Nein“, Fabian schüttelt den Kopf.
„Der Weihnachtsmann“, erklärt Puschel, „kommt an Weihnachten in jedes Haus und zu jedem Tier auf der ganzen Welt.“
„Und dabei glitzert er?“ fragt Fabian.
„Nein, er gibt jedem Wesen ein Geschenk aus seinem großen Sack und immer, wenn der Sack geöffnet wird, glitzert es.“
„Dann muß er aber schon viele Geschenke verteilt haben“, sagt Fabian. „Da möchte ich mal zugucken.“
„Na dann, komm mit“, ruft Puschel und läuft so schnell davon, daß Fabian Mühe hat, hinterherzukommen.
„Warte auf mich“, ruft Fabian ihm noch nach. Endlich sind sie bei den Häusern angekommen. Sie können sich gerade noch hinter einem Schneehaufen verstecken, da sehen sie den Weihnachtsmann gerade in ein Haus gehen. Wie Puschel gesagt hat, trägt er einen großen Sack bei sich. Aber viel scheint da nicht mehr drin zu sein. Er sieht schon ganz leer aus. Einen dicken roten Anzug hat er an, mit einer langen Kapuze dran. Und einen großen, weißen Bart. Als im Haus die Türe geöffnet wird, und der Weihnachtsmann aus seinem Sack ein Geschenk für die Kinder herausholt, glitzert es wieder.
„Da ist es, das Glitzern!“ staunt Fabian.
Der Weihnachtsmann schließt seinen Sack, da hört er es auf einmal klappern. Verwundert dreht er sich um.

„Was war denn das?" fragt er. „Wer klappert denn da?"
Puschel, Fabian und die Mäuse ducken sich noch weiter hinunter, damit der Weihnachtsmann sie nicht entdecken kann, aber da hören sie schon seine schweren Schritte immer näher kommen.
Vor ihrer Nase bleibt er stehen.
„Was machst du kleiner Igel denn hier? Sind das etwa deine Zähne, die da klappern?" fragt der Weihnachtsmann.
Fabian guckt erstaunt nach oben. Da sieht er das freundliche Gesicht des Weihnachtsmanns vor sich und nickt mit klappernden Zähnen.

Inzwischen ist ihm nämlich ganz schön kalt geworden.
„Ich hab ja geschlafen, aber dann bin ich aufgewacht, weil es so geglitzert hat und Puschel hat mir erzählt, daß du das bist und das wollte ich sehen", erzählt er.
„Aber im Winter ist es für Igel doch viel zu kalt. Weißt du denn nicht, wie gefährlich das sein kann?" „Doch", nickt Fabian hilflos und frierend. Da nimmt ihn der Weihnachtsmann auf seinen Arm und sagt: „Komm, ich bring dich wieder nach Hause. Deine Eltern machen sich sicher schon Sorgen um dich!"
Puschel und die Mäuse gucken etwas verlegen. Bei all dem Spaß haben sie gar nicht daran gedacht, daß es für einen Igel viel zu kalt sein könnte. Deshalb begleiten sie Fabian jetzt auch nach Hause.
Währenddessen stehen die Eltern von Fabian vor der Höhle im Wald. Sie sind aufgewacht, weil sie gemerkt haben, daß ihr kleiner Sohn nicht mehr da ist. Ganz verzweifelt haben sie sich auf die Suche nach ihm gemacht und rufen nach ihm: „Fabian, Fabiaaaaan, wo bist duuuuu??"
Da sehen sie den Weihnachtsmann näherkommen. Er legt Fabian wieder in die Arme seiner Eltern.
„Da bist du ja endlich wieder!" sagen sie, aber Fabian hört das gar nicht. Vor lauter Erschöpfung schläft er schon.
Zum Abschied holt der Weihnachtsmann noch für jeden von ihnen ein Geschenk aus seinem Sack: Eine Mohrrübe für Puschel, ein Stück Käse für jede Maus und ein paar Lebkuchen und ein bißchen Milch für die Igel.
Dann zieht er wieder los und Puschel und die Mäuse gehen nach Hause.
Fabian kuschelt sich dicht an den warmen Bauch seiner Mutter und träumt bis zum Frühjahr viele Winterweihnachts-Glitzerträume.

Besonders hübsch sieht es aus, wenn man mehrere Sternenvögel an verschieden langen Fäden zum Mond hängt. Dann zwitschern sie vielleicht ein Gute-Nacht-Lied?

Sternenvögel und Glitzermond

Ein winterlicher Nachthimmel über dem Bett
mit weihnachtlichen Glitzersternchen stimmt auch die Träume
auf Weihnachten ein.

MATERIAL

Zeichenkarton
blaues Tonpapier
Goldfolie, Klebstoff
weiße oder blaue Federn
Klebesternchen
silberfarbener Glitter
Walnüsse
Bunt- oder Filzstifte
festes Nähgarn
Pfennig

Sternenvögel

1. *Die Walnüsse werden, wie auf Seite 32 beschrieben, geöffnet. Von der Vorlagenseite 136/137 wird der Vogel auf den Zeichenkarton übertragen und ausgeschnitten, die Goldflügel auf die Goldfolie übertragen und ausgeschnitten.*

2. *Jetzt werden die Flügel beidseitig am Rücken des Vogels festgeklebt. Als Schwanz werden Federn aufgeklebt. Für die Sternenketten werden verschieden lange Fäden mit Klebesternchen versehen (jeweils von beiden Seiten gegenkleben) und diese Fäden mit etwas Klebstoff auf dem Karton festgeklebt. Schließlich kann man noch Augen aufmalen.*

3. *Für die Aufhängung nimmt man den Faden und macht an einem Ende einen dicken Knoten. Dann legt man diesen*

Knoten auf einer Seite in die Mitte der Stelle, auf die die Walnußhälfte aufklebt wird. Jetzt wird der Rand der Walnußschale mit Klebstoff bestrichen und an der vorgesehenen Stelle festgedrückt. Wer mag, kann die Schalen vorher mit silberner Plakafarbe anmalen. Wenn der Klebstoff getrocknet ist, klebt man auf der anderen Seite die zweite Walnußschale fest.

4. Die Schalen werden zum Schluß mit goldenen Sternchen beklebt (eventuell zusätzlich Klebstoff auftragen!).

Glitzermond

1. Der Mond wird von der Vorlagenseite 136/137 auf den Zeichenkarton und auf das blaue, doppelt gelegte Tonpapier übertragen und ausgeschnitten.

2. Jetzt stellt man die gleichen Sternenketten her, wie auf der linken Seite beschrieben. Das Tonpapier wird von beiden Seiten auf den Zeichenkarton aufgeklebt, dazwischen liegen die Fädenenden.

Die Tonpapierfigur für den Mond wird zweimal benötigt.

Bohrt man oben durch die Mondsichel ein kleines Loch und zieht einen Faden hindurch, kann man sie daran aufhängen.

3. Nachdem mittels eines Pfennigs festgelegt wurde, wo das Auge des Mondes sein soll, wird der Rest dünn mit Klebstoff eingestrichen. Danach streut man den silbernen Glitter dick darüber und läßt ihn eine Weile trocknen. Jetzt nimmt man den Pfennig vorsichtig ab und kippt den Mond über der Tischplatte, so daß der überschüssige Glitter abfällt. Er kann für die andere Seite, die nun genauso beklebt wird, wiederverwendet werden.

Spiele mit Mandarinen und Nüssen

MATERIAL
Mandarinen
Walnüsse
oder Haselnüsse
oder andere Nüsse,
alle ungeschält

Nüsse und Mandarinen sind vitaminreich und gesund. Man kann mit ihnen lustige Spiele spielen und sie dann hinterher auch noch aufessen.

Wo ist die Zaubermandarine?

1. *Alle Mitspieler sitzen im Kreis um einen Tisch oder auf dem Boden. In der Mitte liegen auf einem Teller 5 - 7 Mandarinen. Außerdem gibt es noch einen Vorratshaufen.*

2. *Während sich der erste Rater umdreht oder die Augen fest zumacht (nicht mogeln!), einigen sich die anderen darauf, welches die Zaubermandarine ist.*

3. *Nun dreht sich der Rater um oder öffnet wieder die Augen. Er nimmt so viele Mandarinen vom Teller, bis er an die verzauberte kommt. Dann rufen die anderen „Halt!"*

4. *Alle Mandarinen, die der Rater vom Teller genommen hat, gehören ihm. Sie werden für das nächste Spiel aus dem Vorratshaufen ersetzt. Wer am Schluß die meisten Mandarinen hat, hat gewonnen.*

Wer trifft die meisten Nüsse?

1. *Zehn Nüsse werden nebeneinander in einem Abstand von 5 cm auf den Boden gelegt.*

2. *Jeder Mitspieler bekommt eine Nuß und versucht, einer nach dem anderen, aus 1 bis 2 m Entfernung die Nüsse zu treffen. Dabei darf aber nur gerollt, nicht geworfen werden.*

3. *Das ist gar nicht so einfach, weil die Nüsse nicht kugelrund sind, aber mit der Zeit bekommt man den Trick schon raus.*
Alle Nüsse, die ein Mitspieler trifft, darf er wegnehmen.

4. *Verfehlt eine Nuß ihr Ziel, darf sie von den nächsten Spielern auch weggekegelt werden. Wer mit der ersten Nuß nichts trifft, bekommt eine Ersatznuß. und wer am Ende die meisten Nüsse hat, gewinnt.*

Känguruh-Nüsse

1. *Auf einen Karton wird ein Kreis von etwa 20 cm Durchmesser aufgemalt. Dahinein werden dicht an dicht so viele Nüsse gelegt, daß sie gerade nicht über den Kreis kullern.*

2. *Jeder Mitspieler läßt jetzt der Reihe nach aus etwa 1 m Höhe eine Nuß auf die anderen in der Mitte fallen.*

3. *Alle Nüsse, die aus dem Kreis herausspringen, gehören ihm und er darf sie wegnehmen. Wer am Schluß die meisten Nüsse besitzt, hat gewonnen.*

Nussrosetten

Verschiedene Nüsse, z.B. Walnüsse, Haselnüsse, Paranüsse oder Mandeln können in einem Suppenteller oder einer flachen Tortenform zu phantasiereichen Mustern gelegt und immer wieder verändert werden.

Beim Verzieren der Tischkarten-Bäumchen kann man der Phantasie freien Lauf lassen – hier sehen sie fast wie echte Weihnachtsbäume aus.

MATERIAL

festes grünes und gelbes Tonpapier
evtl. Farbstifte
etwas Goldfolie und rote Glanzfolie
Glitter, Lametta
Klebesternchen
Nelken, Anis
evtl. Styroporreste oder Watte
Locher, Klebstoff

Tischkarten-Bäumchen

Diese kleinen Weihnachtsbäumchen, die groß und klein begeistern, sind eine besonders hübsche Dekoration für die festliche Tafel.

1. *Von der Vorlagenseite 136/137 überträgt man für jede Tischkarte zweimal die Tannenbaumschablone auf das grüne Tonpapier und schneidet diese aus. Genauso verfährt man mit dem Stern, der auch zweimal – diesmal aus dem gelben Tonpapier – ausgeschnitten wird.*

2. *Die Tannenbaumteile schneidet man an der vorgezeichneten Linie so weit ein, wie auf der Vorlage angegeben.*
Achtung: *Ein Teil wird nur von oben, der andere nur von unten eingeschnitten!*

3. *Wer die Tischkarten bemalen mag, kann die beiden Tannenbaumteile auf jeder Seite nun mit Kugeln, Kerzen oder kleinen Anhängern verzieren. Sonst kann man den Tannenbaum jeweils auf beiden Seiten auch mit „goldenen Kugeln", die mit dem Locher aus der goldenen oder roten Folie gestanzt werden, bekleben. Etwas Glitter, Lametta oder Klebesternchen machen sich ebenfalls gut.*

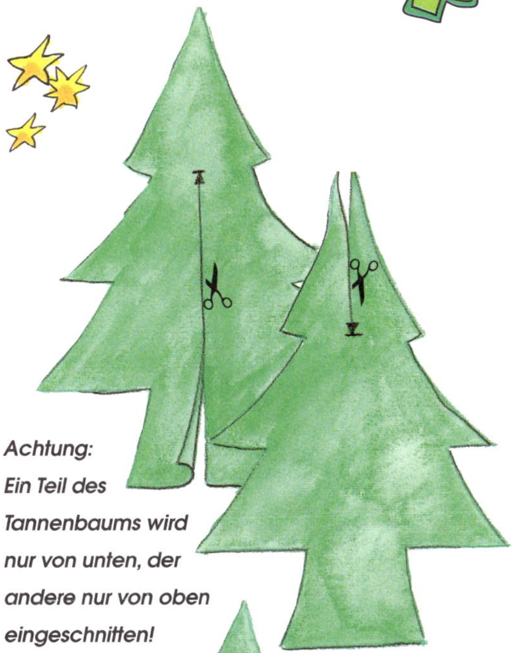

Achtung: Ein Teil des Tannenbaums wird nur von unten, der andere nur von oben eingeschnitten!

4. *Bevor der „Schnee" in Form von Watte oder Styropor (darauf achten, daß der Klebstoff den Styropor nicht angreift – auf der Tube nachsehen!) auf dem Tannenbaum festgeklebt wird, wird der Baum erst zusammengesteckt.*

5. *Dazu wird der Teil mit dem unteren Einschnitt auf den anderen Teil geschoben, bis beide bündig und fest aufeinandersitzen. Zum Schluß können die Teile noch mit einem Tropfen Klebstoff am Fuß (siehe Zeichnung unten) befestigt werden, damit der Tannenbaum auch gut steht.*

6. *Nach dem Aufeinanderkleben der beiden Hälften des Namensterns wird er beschriftet. Danach steckt man ihn auf den fertigen Tannenbaum und befestigt ihn mit einem Tropfen Klebstoff, damit er nicht herunterrutscht.*

7. *Zum Schluß kann der Baum noch mit Watte oder Styroporkugeln als Schnee und – wer es natürlich mag – Nelken oder Anis verziert werden.*

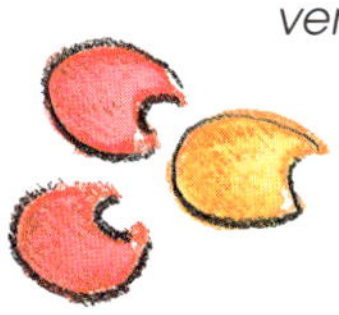

Mit einem Schälmesser kann man von unbehandelten Zitronen oder Orangen auch lange Schlangen schälen und diese in die Gläser hängen.

Weihnachts-Punsch

Weihnachtspunsch für Kinder, natürlich ohne Alkohol, aber dafür mit frisch gepreßten Fruchtsäften und Gewürzen.

ZUTATEN

2 Beutel Malventee
1/4 l Orangensaft
1 Beutel Glühweingewürz
4 EL Zucker

Malvenpunsch (für ganz Eilige)

1. *Einen Liter Wasser in einem Topf zum Kochen bringen, vom Herd nehmen und die Teebeutel hineingeben.*

2. *Nach 10 Minuten wieder herausnehmen und den Orangensaft hinzugeben. Den Topf wieder auf den Herd stellen, die Flüssigkeit zum Kochen bringen und das Glühweingewürz und den Zucker hineingeben.*

3. *Nach 10 Minuten die Gewürze entfernen und den heißen Punsch in Gläsern servieren.*

Schwarzer Johannisbeer-Punsch

1. *Mit einem scharfen Küchenmesser von der unbehandelten Zitrone oder Orange etwa ein Viertel bis zur Hälfte der Schale dünn abschneiden.*

2. *Den schwarzen Johannisbeersaft und den Apfelsaft mit wenig Zucker, den Gewürzen und der Zitronen- oder Orangenschale in einem Topf erhitzen, jedoch nicht kochen lassen. Zugedeckt etwas ziehen lassen.*

3. *Zitronen- und Orangensaft und evtl. nach Bedarf noch etwas Zucker beifügen und umrühren, bis der Zucker aufgelöst ist. Abschmecken und durch ein Sieb noch heiß in Gläser geben.*

ZUTATEN

3/4 l schwarzer Johannisbeersaft
3/4 l Apfelsaft
Zucker nach Geschmack
1 Stück Zitronen- oder Orangenschale (unbehandelt)
3 ganze Nelken
1/2 Stange Zimt
Saft von 1 Zitrone und 4 Orangen

Mit einem Zuckerrand sehen die Gläser besonders schön aus. Dazu gibt man auf einen Unterteller etwas Zitronensaft und auf einen zweiten etwas Kristallzucker. Nun taucht man jeden Gläserrand zuerst kurz in den Zitronensaft, danach in den Zucker. Eventuell kurz auf den Glasboden klopfen, um den überschüssigen Zucker zu entfernen – fertig.

Zitrus-Punsch

1. *Das Wasser mit dem Zucker und den Gewürzen zum Kochen bringen. Zugedeckt etwas ziehen lassen.*

2. *Durch ein Sieb in einen anderen Topf geben, Grapefruit- und Orangensaft sowie Apfelsaft zugeben.*

3. *Die Flüssigkeit wieder erhitzen, aber nicht kochen lassen. Mit Zucker abschmecken und noch heiß in Gläser gießen.*

ZUTATEN

1/8 l Wasser
150-200 g Zucker
4 ganze Nelken
1/4 Stange Zimt
1/2 l Grapefruitsaft
1/4 l Orangensaft
1/4 l Apfelsaft

Still, still, still, weil's Kindlein schlafen will

2. *Schlaf, schlaf, schlaf, mein liebes Kindlein, schlaf!*
Die Engel tun schön musizieren, bei dem Kindlein jubilieren. Schlaf ......

3. *Groß, groß, groß, die Lieb ist übergroß! Gott hat den Himmelsthron verlassen*
und muß reisen auf der Straßen. Groß .....

Gebete an Weihnachten

So ein schöner Tag war heute,
lieber Gott, und so viel Freude
hat er wieder mir gebracht.
dankbar sag' ich: Gute Nacht!
Vater, Mutter, alle Lieben
seien in Dein Herz geschrieben.
Behüt uns alle lieber Gott,
und schütze uns vor aller Not.
Amen.

Du liebes Kindlein Jesus Christ,
weil heute Dein Geburtstag ist,
d'rum ist auf Erden weit und breit
bei allen Kindern große Freud'.
O segne uns, wir sind noch klein,
und mache uns're Herzen rein,
daß wir mit heil'gem frommen Sinn
nur stets Dir anbefohlen sind.
Amen.

Der Tag war lang,
erfüllt und schön,
wir haben Dir zu danken.
Sei mit uns,
wenn wir schlafen gehn,
und tröste alle Kranken.

Die Nacht bricht an,
sie ist schon da.
Du kennst auch kleine Sorgen
und bist uns selbst
im Dunkel nah,
bleib bei uns bis zum Morgen.
Amen.

GESCHICHTE

Die Traumkugel

Ganz weit draußen, wo die Städte zu Ende sind und die Flüsse in breiten Tälern durch die bewaldeten Hügel ziehen, haben die Kobolde ihre Werkstatt. Dort basteln sie alle die vielen kleinen und großen nützlichen Sachen, die den Menschen das Leben leichter machen.

Unter den Kobolden gab es alte und junge, erfindungsreiche und einfältige. Jeder einzelne von ihnen hatte ein Talent und machte gerade das, was er am besten konnte und was ihm am meisten Spaß machte.

In der großen Höhle, in der die Kobolde lebten und arbeiteten, gab es viele kleine Nischen. So hatte jeder seine eigene kleine Werkstatt, in der er sich ausbreiten und vor sich hin basteln konnte. Manche arbeiteten auch

zu zweit oder zu dritt, wie es sich eben gerade ergab. Ganz am Ende der Höhle befand sich noch ein Raum, in dem der alte Marapu seine Werkstatt hatte. Die anderen lächelten oder schüttelten oft den Kopf über ihn, weil er immer etwas ganz besonderes erfinden wollte und meist nichts und schon gar nichts nützliches dabei herauskam.
So war es auch heute wieder. „Na, Marapu, was hast du denn heute wieder erfunden?" fragten seine Nachbarn, als sie bei ihm vorbeikamen. „Vielleicht wieder eine nützliche Winduhr oder ein Sieb zum Schattenfangen?" Dann lachten sie, bis ihnen die Tränen über die Backen liefen.

GESCHICHTE

Marapu rannte aufgeregt durch die Höhle und rief allen zu, daß er eine ganz besonders tolle Erfindung gemacht habe und sie sollten doch alle kommen und es sich ansehen.

Nun war das nicht das erste Mal, daß Marapu so durch die Höhle gelaufen kam und viele Kobolde drehten gelangweilt die Köpfe weg, weil sie seine „Erfindungen" schon kannten. Nur die ewig Neugierigen und die, denen es eine willkommene Abwechslung schien, versammelten sich in der Werkstatt des alten Marapu. Zusammen mit den Kindern warteten sie ganz gebannt, als der Alte erzählte, daß es ihm nach vielen Versuchen endlich gelungen sei, Träume einzufangen und sichtbar zu machen.

Er rührte in einer seltsam riechenden Flüssigkeit,

Der alte Marapu lächelte nur.
Mochten die anderen ihn ruhig auslachen. Er hatte schon viele schöne Dinge erfunden, die die Augen der Kinder zum Leuchten brachten und das war viel mehr wert, als irgendetwas zu erfinden, das in den Augen der anderen nützlich war.
Die Kinder fanden es immer schön, was er so erfand und er konnte auch wunderschöne Geschichten erzählen, während er so seine Versuche machte. Dann saßen die Kinder wie gebannt vor seiner Werkbank und lauschten mit heißen Backen den Geschichten.

Manchmal rauchte es fürchterlich oder es explodierte etwas mit Blitzen und Funken.
Das war natürlich immer besonders aufregend.
Aber heute war alles anders.

blies sie dann durch ein Röhrchen und auf einmal schwebten lauter bunt schillernde Kugeln durch die Luft. Zunächst staunten alle und überall war ein bewunderndes Raunen zu hören.

Dann aber landeten die Kugeln auf dem Boden und zerfielen mit einem leise schmatzenden Geräusch in Nichts.

Da wandten sich die erwachsenen Kobolde enttäuscht wieder ab und meinten, davon hätte man ja nichts. Sobald man die Kugeln berühren würde, verschwänden sie und außerdem fielen sie so schnell zu Boden, daß man gar keine Zeit hatte, sie zu bewundern. Nur die Kinder waren noch begeistert und jagten den Kugeln hinterher. Alle wollten auch einmal durch das Röhrchen blasen, um immer größere und schönere Kugeln hervorzubringen.

Der alte Marapu war traurig. Seine Kollegen hatten schon recht mit dem, was sie über seine Erfindungen sagten. Lange überlegte er, wie er seine Traumkugeln denn haltbarer machen könnte. Und er fing wieder von neuem an, Versuche zu machen. Er mischte und mischte, versuchte dies und das, bis er eines Tages Erfolg hatte. Er entdeckte eine Flüssigkeit, die er färben konnte und die man, wenn sie heiß war, auch blasen konnte. Wenn die Flüssigkeit dann abkühlte, erstarrte sie und behielt ihre Form.

So versuchte er nun, in dieser Flüssigkeit Träume einzufangen, und siehe da, es entstanden wundersame Gebilde, meist kugeliger Art. Jede war anders mit verschiedenen Farben, die genau zu dem eingefangenen Traum paßten.

Diese Kugeln nun konnte man endlich anfassen, ohne sie zu zerstören. Man konnte sie lange betrachten, sie weglegen und wieder in die Hand nehmen, ohne daß sie kaputtgingen.

Da strahlte der alte Marapu über das ganze Gesicht, das schon mit vielen Runzeln überzogen war. Endlich waren die Träume haltbar geworden, was seiner Meinung nach eine ganz besonders nützliche Erfindung war.

Nur zu Boden fallen lassen durfte man diese Kugeln nicht, denn sie waren immer noch zerbrechlich, wie Träume auch.

SINGEN

Am Weihnachtsbaum die Lichter brennen

2. *Zwei Engel sind hereingetreten, kein Auge hat sie kommen sehn,*
sie gehn zum Weihnachtstisch und beten und wenden wieder sich und gehn.

3. *Gesegnet seid ihr alten Leute, gesegnet sei du kleine Schar!*
Wir bringen Gottes Segen heute dem braunen wie dem weißen Haar.

Weihnachten

Markt und Straßen stehn verlassen,
still erleuchtet jedes Haus,
sinnend geh' ich durch die Gassen,
alles sieht so festlich aus.

An den Fenstern haben Frauen
buntes Spielzeug fromm geschmückt,
tausend Kindlein stehn und schauen,
sind so wundervoll beglückt.

Und ich wandre aus den Mauern
bis hinaus ins freie Feld,
hehres Glänzen, heil'ges Schauen!
Wie so weit und still die Welt!

Sterne hoch die Kreise schlingen,
aus des Schnees Einsamkeit
steigt's wie wunderbares Singen –
o du gnadenreiche Zeit.

Joseph von Eichendorff

VORLAGEN

Die Vorlagen auf allen Bastelbögen sind in Originalgröße abgebildet.
Am einfachsten sind sie zu übertragen, wenn Sie ein Pergamentpapier auf die Vorlage legen und sie mit einem Stift durchzeichnen.
Jetzt können Sie die entstandene Form ausschneiden und sie auf das Tonpapier oder den Zeichenkarton legen, mit Bleistift umfahren und danach ausschneiden.

VORLAGEN

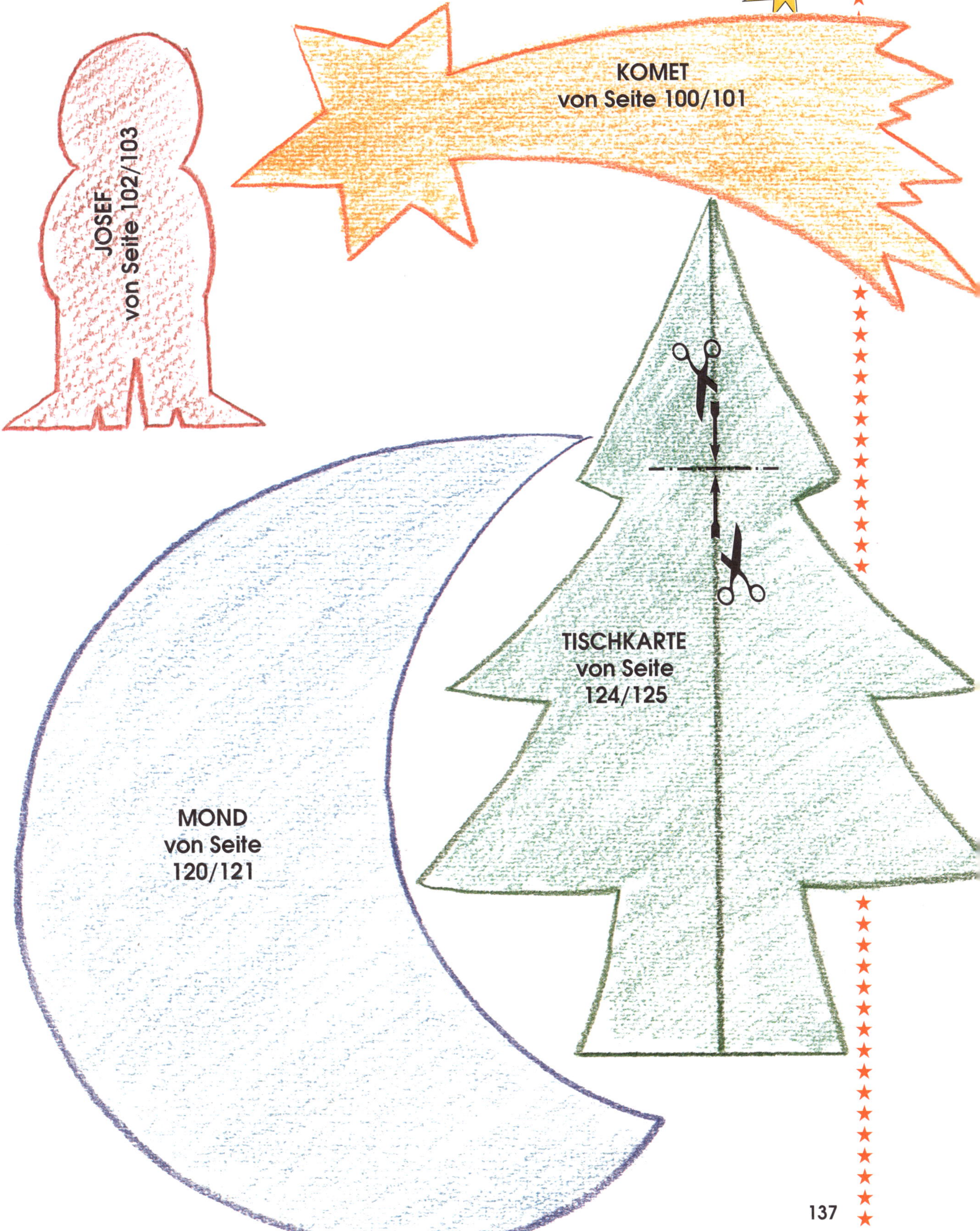
KOMET
von Seite 100/101
JOSEF
von Seite 102/103
TISCHKARTE
von Seite
124/125
MOND
von Seite
120/121

VORLAGEN

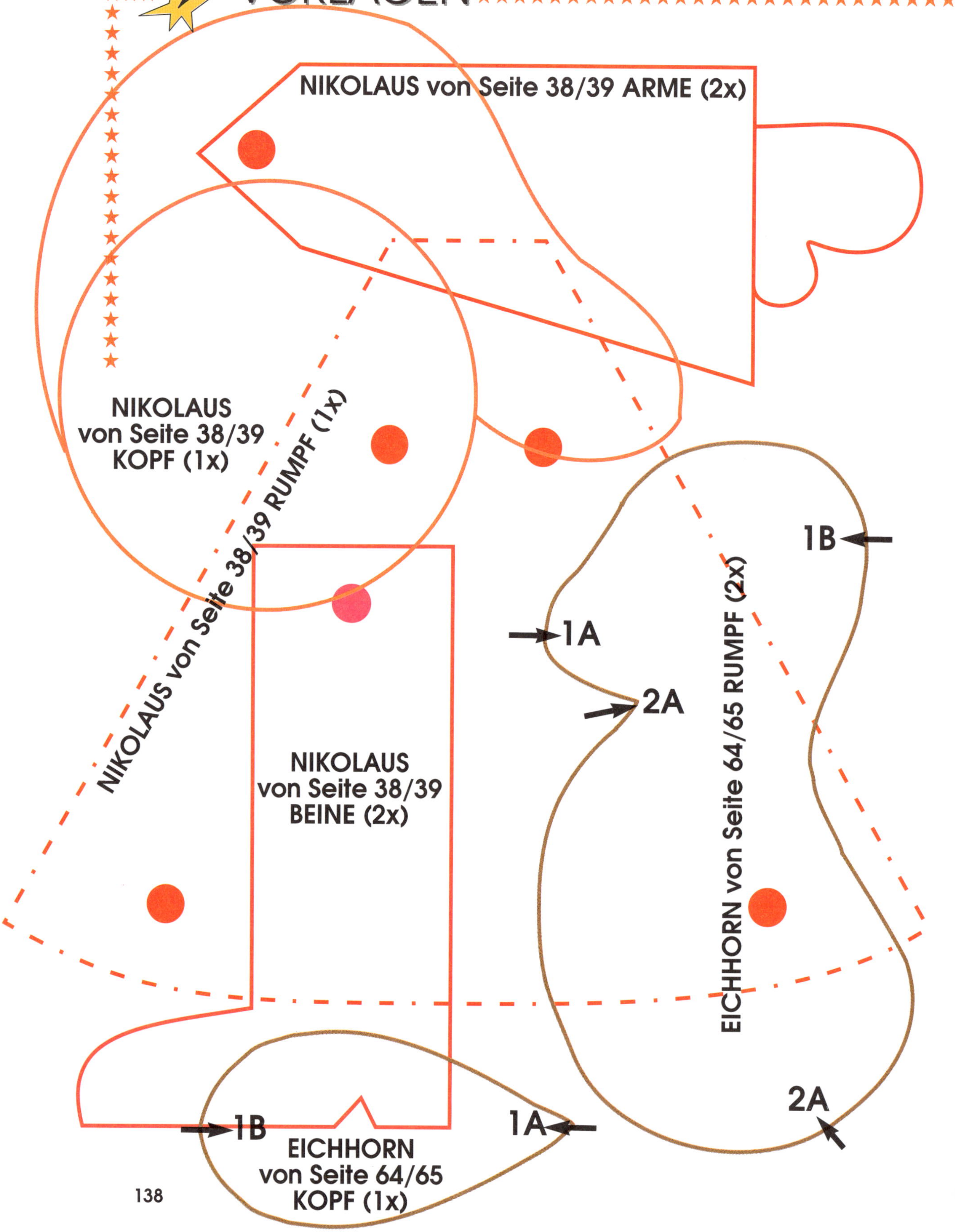
NIKOLAUS von Seite 38/39 ARME (2x)
NIKOLAUS
von Seite 38/39
KOPF (1x)
NIKOLAUS von Seite 38/39 RUMPF (1x)
NIKOLAUS
von Seite 38/39
BEINE (2x)
EICHHORN von Seite 64/65 RUMPF (2x)
1B
1A
2A
2A
1B
1A
EICHHORN
von Seite 64/65
KOPF (1x)

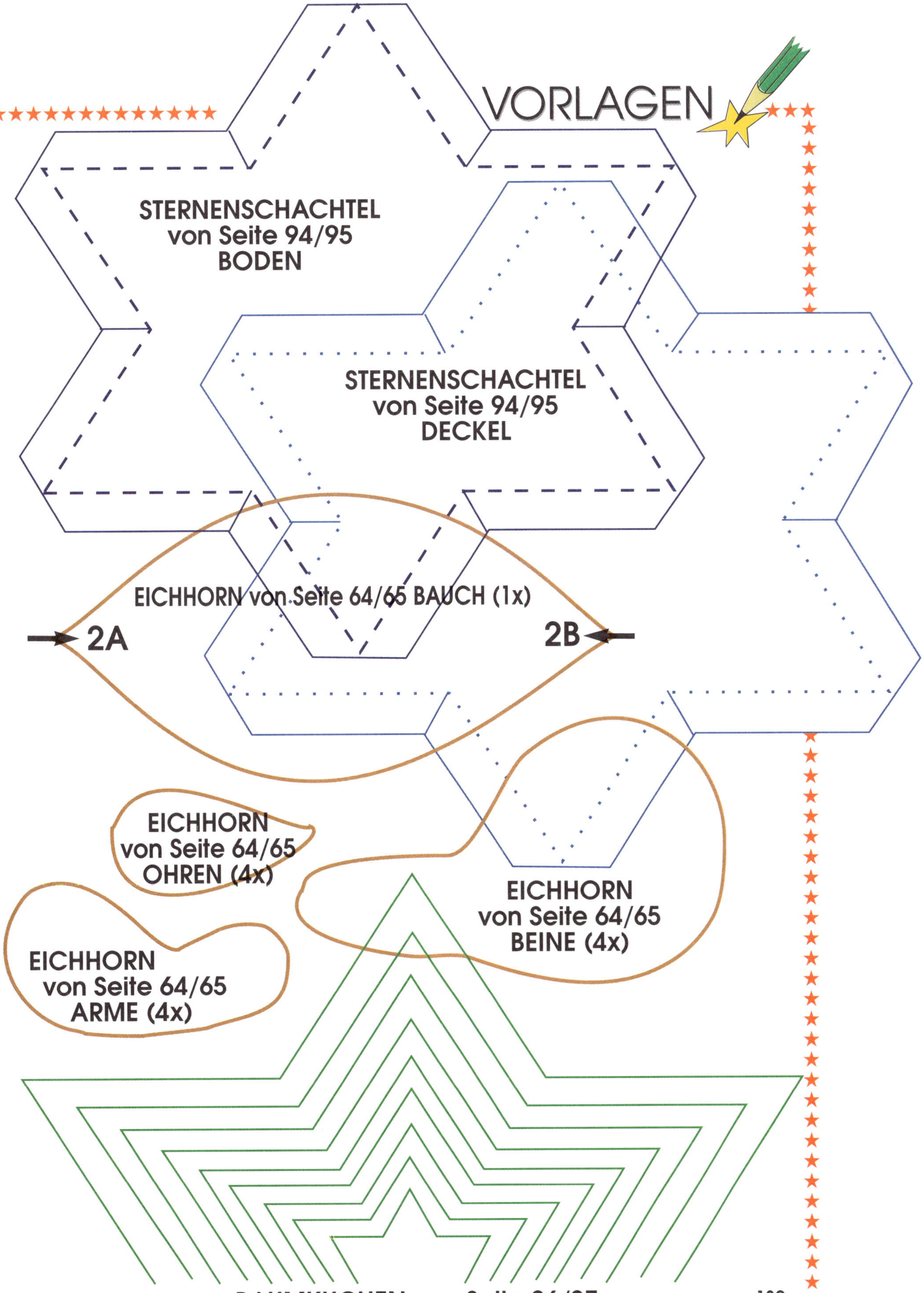

BAUMKUCHEN von Seite 26/27

REGISTER

BASTELN

BACKEN

SPIELE

SINGEN

GESCHICHTEN

GEDICHTE

REGISTER

STICHWORT-REGISTER

Die Ratschläge in diesem Buch sind von der Autorin und vom Verlag sorgfältig erwogen und geprüft, dennoch kann eine Garantie nicht übernommen werden. Eine Haftung der Autorin bzw. des Verlags und seiner Beauftragten für Personen-, Sach- und Vermögensschäden ist ausgeschlossen.